Wie Kriminelle ihre Therapeuten austricksen

Thomas Kurbjuhn

Wie Kriminelle ihre Therapeuten austricksen

Bibliografische Information der Deutschen Nationalbibliothek
Die Deutsche Nationalbibliothek verzeichnet diese Publikation in der
Deutschen Nationalbibliografie; detaillierte bibliografische Daten sind
im Internet über http://dnb.d-nb.de abrufbar.

© 2011 **Thomas Kurbjuhn**
Herstellung und Verlag:
Books on Demand GmbH, Norderstedt
ISBN 978-3-8448-5293-6

Vorwort

In der forensischen Psychiatrie, auch Maßregelvollzug genannt, werden diejenigen Straftäter verwahrt und behandelt, die ihre Straftaten unter dem Einfluß einer psychischen Störung begangen haben.

1985 bis 1990 war ich in einer der großen forensischen Kliniken der alten Bundesrepublik wegen Mordes an meinem Vater inhaftiert.

Deshalb weiß ich recht gut, wie es in einer solchen Klinik zugeht, kenne insbesondere den Unterschied zwischen Behandlungswirklichkeit und Selbstdarstellung der forensischen Psychiatrie.

Dieses Buch illustriert eine Kernthese, nämlich:

die sogenannten Vorurteile der Bevölkerung bezüglich der Unsicherheit der Entlaßprognosen sind berechtigt.

Das zeigen einmal meine persönlichen Erfahrungen mit den Behandlungs- und Prognosemethoden, die der Leser im folgenden ausgiebig kennenlernen wird.

Verschiedene Studien der Kriminologen bestätigen zusätzlich, daß Prognosen nicht so sicher sind, wie die forensischen Gutachter uns glauben lassen wollen.

Diese Studien sagen übereinstimmend, daß 20% aller als angeblich ungefährlich entlassenen psychisch kranken Straftäter rückfällig werden. Diese Rückfallquote steht im Widerspruch zu der bei jeder Entlassung abgegebenen Einschätzung, der Probant werde jetzt mit an Sicherheit grenzender Wahrscheinlichkeit keine Straftaten mehr begehen.

Der entsprechende Paragraph, nach dem sich die Entlassung psychisch kranker Straftäter aus dem Maßregelvollzug richtet, sagt hier: Das Gericht setzt die weitere Vollstreckung der Unterbrinung zur Bewährung aus, wenn zu erwarten ist, daß der Untergebrachte außerhalb des Maßregelvollzugs keine rechtswirdrigen Taten mehr begehen wird.

Und genau so schreiben es die Gutachter wörtlich in jede positive Prognose. Schrieben sie realistischer: "Probant x wird mit einiger Wahrscheinlichkeit nicht mehr rückfällig", würde dieser von keiner Strafvollstreckungskammer entlassen.

Die in der Forensik tätigen Gutachter suggerieren mit ihren Prognoseformulierungen eine Sicherheit, die vor dem Hintergrund der auch ihnen bekannten Rückfallquoten unrealistisch ist.

Der Gesetzgeber, das heißt, wir alle, sind aber genauso unrealistisch. Einerseits sollen die "ungefährlichen" und "geheilten" Kriminellen entlassen werden, gleichzeitig soll aber alles ganz sicher sein. Vor dem Hintergrund dieser unvereinbaren politischen Wünsche entsteht erst diese Verzahnung von Psychiatrie und Jusiz, bei der jeder dem anderen in die Tasche lügt. Die Justiz will sich absichern wie auch der Gesetzgeber und besteht auf den vorgegebenen Formulierungen. Die Gruppe der Therapeuten, meist dem Weltverbesserungsmilieu angehörig, will nur zu gern Leute entlassen und steigt deshalb bereitwillig auf unrealistische Prognosewünsche der Justiz ein.

Eine Erklärung für die gesellschaftlichen Widersprüche von Entlassungswunsch und Sicherheitsdenken finde ich in der schon lange bekannten Überlegung, daß die Psychiatrie mehr eine Ersatzreligion denn eine Wissenschaft ist.

Wenn nun schon Justiz und Psychiatrie bezüglich der Prognosen wenig wahrheitsorientiert sind, wundert es nicht, wenn eine wichtige dritte Gruppe hier kräftig mitlügt: das sind die untergebrachten kriminellen Patienten.

Ich selbst zum Beispiel bin recht wahrheitsliebend. Wenn ich zu einer Sache was sagen soll, sage ich gern auch mal die Wahrheit. So habe ich das auch in den ersten 2 1/2 Jahren meiner Unterbringung getan.

Das ist mir aber gar nicht gut bekommen. Laut Aktenlage trat eine starke Verschlimmerung und Verfestigung der bei mir diagnostizierten Charakterneurose auf, ergänzt durch intensive Symptome einer "paranoid gefärbten Erlebnisverarbeitung".

Aber keine Sorge, sowas kann sich auch schnell wieder ändern. Getreu dem Vorbild meiner kinder- und jugendheimtrainierten Mitpatienten habe ich von einem auf den anderen Tag nur noch das erzählt, was die Therapeuten hören wollten. Da ich zusätzlich noch das eine oder andere Therapielehrbuch gelesen habe, habe ich noch besser und vor allem konsequenter gelogen als viele dieser Mitpatienten. Deshalb bin ich auch nach 2 1/2 weiteren Jahren Unterbringung entlassen worden. Keine Rede mehr von paranoid gefärbter Erlebnisverarbeitung. Statt dessen sagen mir die Akten nach, mich gut "auf meine Gefühle einlassen zu können". Solch eine Ausdrucksweise versteht kein Normalbürger- unter Psychologen ist das aber eine äußerst positive Berwertung.

Nun ist es ja nichts schlimmes , positiv bewertet zu werden. Fragwürdig wird das Ganze aber dann, wenn diese Bewertung auf gelogenen eigenen Angaben beruht. Noch mehr Zweifel entstehen, wenn sich herausstellt, daß in diesem psychiatrischen System nur und ausschließlich ein Lügner eine Chance auf eine solch positive Berwertung und damit auf eine Entlassung hat.

Die Details der Therapie-und Prognosemethoden zeigen, daß auch ein Normalbürger, würde er unschuldig in die Forensik kommen, nie mehr entlassen würde, wenn er nicht kräftig lügt.

Umgekehrt zeigt sich aber auch, daß jeder entlassen werden kann, wenn er seine Gefährlichkeit nur mit geschicktem Schauspielern tarnt.

Das ist sicherlich eine für die Öffentlichkeit beunruhigende Erkenntnis, die die meisten Menschen zwar ahnen, aber nicht durch Erfahrung belegt wissen.

Nach der Lektüre dieses Buches könnte sich das ändern.

Die therapeutische Wirklichkeit

In der forensische Psychiatrie sitzen all die Kriminellen ein, denen ein Gericht verminderte oder fehlende Schuldfähigkeit bescheinigt hat. Zusätzlich muß eine Gefahr für die Allgemeinheit, daß heißt, eine Wiederholungsgefahr bezüglich schwerer Straftaten vorliegen.

In absoluten Zahlen sind das bundesweit einige tausend Leute, die sich auf die forensisch-psychiatrischen Anstalten im ganzen Land verteilen.

Laut Gesetz müssen alle diese Leute eine Psychotherapie bekommen mit dem Ziel, sie als nicht mehr gefährlich entlassen zu können. Ob sie noch gefährlich sind, muß die Anstalt jedes Jahr dem zuständigen Gericht mitteilen. Dieses trifft dann auf Grund dieser Stellungnahme seine Entscheidung darüber, obs noch ein Jahr länger dauert. Dabei richtet sich das Gericht erfahrungsgemäß immer nach der Vorgabe der Therapeuten, so daß diese die tatsächlichen Entscheider sind.

Manche Leute glauben, es gebe so etwas wie eine einmalig ausgesprochene, für den Rest des Lebens geltende Einweisung. Gibts nicht. Auch wenn jemand 100 Frauen und Kinder zerstückelt hat: jedes Jahr muß geprüft werden, ob er noch gefährlich ist. Wenn er es nach Meinung der Therapeuten nicht mehr sein sollte, wird er entlassen.

Nach Meinung unseres Verfassungsgerichts muß jeder, sei er auch noch so gefährlich, die Möglichkeit der Entlassung bekommen. Das schafft Probleme.

Denn wenn ich nicht vorab Kriminelle, die mit Extremtaten in Erscheinung getreten sind, von der Entlassung ausschließe, riskiere ich, daß sie rückfällig werden. Und das werden sie, denn 20% aller aus der Forensik entlassenen Patienten werden erneut straffällig.

Das sieht zwar gut aus gegenüber der Knastrückfallrate von 50-80% . Beunruhigend ist es aber doch, denn die Forensik wurde ja geschaffen, um gerade erkennbar gefährliche Jungs auf jeden Fall an weiteren Taten hindern zu können.Wenn die jetzt zum Teil doch wieder zum Zug kommen, ist die angestrebte Schutzwirkung erkennbar nicht vorhanden.

Warum gibts überhaupt die Forensik? Schließlich könnte man Gefährlichkeitsprognosen ja auch über Inhaftierte in Strafhaft erstellen. Macht man ja auch, das Konzept heißt dort Sicherheitsverwahrung.

Wurde diese -meist bei schon mehrfach Vorbestraften- ergänzend zur Strafe beim Urteil ausgesprochen, wird der Knacki eben nicht nach Ablauf der Haftzeit entlassen, sondern erst dann, wenn ein Gutachter seine Ungefährlichkeit bescheinigt. Wenn er als weiterhin gefährlich eingeschätzt wird, bleibt er als Resultat für immer drin. Aber eben auch nicht von vornherein, sondern nur als Resultat immer wieder neu negativ ausfallender Prognosen.

Also im Prinzip dasselbe Konzept wie in der Forensik. Der Unterschied ergibt sich aus dem eingangs erwähnten Konzept der Schuldfähigkeit. Voll schuldfähig und damit reif für den Knast oder eben gegebenenfalls die Sicherungsverwahrung ist jeder, der als psychisch gesund gilt. Der psychische Zustand des Beschuldigten wird bei schweren Straftaten immer durch ein psychiatrisches Gutachten geprüft. Ergibt dieses, daß der Beschuldigte die Straftat unter Einfluß einer psychischen Störung begangen hat, wird je nach Schwere der Störung auf verminderte oder gar nicht vorhandene Schuldfähigkeit erkannt. Das hat einmal die Folge, daß die verhängte Strafe niedriger ausfällt als bei einem normalen Täter. Oder bei einer gar nicht vorhandenen Schuldfähigkeit gar keine Strafe verhängt wird. Und zusätzlich werden alle die vermindert -oder nicht Schuldfähigen in die Forensik eingewiesen, bei denen auf Grund der psychischen Störung weitere Straftaten zu erwarten sind.

Der Grund für die Trennung zwischen gefährlichen normalen Kriminellen und gefährlichen geisteskranken Kriminellen ist meines Erachtens nicht vollzugspraktischer Natur.

Der Grund dürfte eher in der Anfang des 20.Jahrhunderts wachsenden Bedeutung der psychiatrischen Wissenschaft als Welterklärungsmodell zu suchen sein. Innerhalb einiger Jahrzehnte hat sie die Kirchen und die Religion überhaupt fast gänzlich aus dieser Rolle verdrängt.

Natürlich muß so eine Wissenschaft, die die absolute Definitionsmacht über soziale Phänomene der

Gesellschaft anstrebt, auch in allen gesellschaftlichen Bereichen ihre Finger drin haben.

So wie zu kirchlichen Zeiten schlimme Verbrechen gern mit teuflischer Besessenheit erklärt wurden, wollte die psychiatrische Wissenschaft ihre beginnende gesellschaftliche Bedeutung durch wissenschaftliche Erklärung dieser für Normalmenschen schwer verstehbaren Straftaten festigen.

Das ist ihr auch gelungen, denn seit Anfang des 20.Jahrhunderst gibt es eine Psychiatrisierung von Straftätern. Die beschriebene Sicherheitsverwahrung dagegen, also das Festhalten normaler Straftäter über die verhängte Haftzeit hinaus, gibt es erst seit den 30er Jahren. Eben als sich zeigte, daß auch von den Psychiatern als normal beschriebene Täter sich als durch Haftstrafen unbeeinflußbare Hangtäter erwiesen. Was zeigt, daß diese aus damaliger psychiatrischer Sicht normalen Täter eben so normal nun wieder auch nicht waren. Das psychiatrische Konzept der Gestörtheit hat sich in den letzten Jahrzehnten stark erweitert. Waren es im frühen 20.Jahrhundert im wesentlichen nur stoffwechselbedingte Wahrnehmungsstörungen, die zur Diagnose schuldunfähig führten, so sind es seit einigen Jahrzehnten auch die sogenannten Persönlichkeitsstörungen. In diese sehr schwammig definierte Kategorie mit allen ihren Unterteilungen kann man halt so ziemlich alle abseitigen Verhaltensweisen packen. Das führt dazu, daß es heute von der Meinung des Gerichtsgutachters abhängt, ob jemand mit einer krankheitswertigen Persönlichkeitsstörung in der Forensik oder mit einer noch nicht als Krankheit anzusehenden Persönlichkeitsstörung im Knast oder in der Sicherungsverwahrung landet. Meist wird der Störung ein Krankheitswert zuerkannt, die sich auch abseits der eigentlichen kriminellen Handlung zeigt oder bei der der Täter einen gewissen Leidensdruck durch die Störung spürt.

Wer also zu Hause die liebe Frau und vier Kinder pflegt, zugleich aber nachts als Vergewaltiger umgeht, wird vermutlich eher im Knast landen. Begeht dieselbe Straftat jemand, der ledig ist und seinem Gutachter von seinen Problemen im Umgang mit Frauen berichtet, wird er eher in der forensischen Psychiatrie landen. Wobei der Begriff Leidensdruck von Psychiatern durchaus anders ausgelegt wird als von der Normalbevölkerung. Wer zum Beispiel zwanghaft sich die Zerstückelung von Frauen vorstellt, wird von den Psychiatern als leidend angesehen, auch wenn er selbst das gar nicht so fühlt. Die Öffentlichkeit wird so jemandem eher keinen Leidensdruck zuschreiben.

Die Öffentlichkeit hat auch bezüglich vieler Patienten mit der Diagnose Persönlichkeitsstörung ein unrealistisches Bild. Früher hießen solche Leute Psychopathen und landeten eben im Knast, da der Psychopath als abartig aber gesund galt. In der Forensik sitzen also viele Patienten, die nicht im üblichen Sinn geistesgestört sind. Sie sind durchaus manchmal überdurchschnittlich intelligent, haben auch ihre Straftaten geplant. Es ist ein Märchen, daß der typische psychisch kranke Straftäter bei seiner Tat nicht wußte, was er tat. Das dürfte sogar nur auf den kleineren Teil zutreffen.

Der größere Teil der heutigen Forensikpatienten wäre noch vor gut 30 Jahren nie in der Psychiatrie, sondern mit der Einschätzung "Psychopathie" im Knast gelandet. Vermutlich hätte das auch für mich gegolten.

Nach rund zwei Jahren hatte ich die Schnauze voll von der Unterbringung im Landeskrankenhaus.

Auf die Dauer wird das richtig lästig, wenn man die Welt immmer nur durch Gitter betrachtet.Es ist eintönig, man sieht immer dasselbe, ist immer in denselben Räumen, spricht immer mit denselben Mitpatienten. Das kann selbst einem so duldsamen Menschen wie mir die Laune verhageln.Hinzu kommt die durchgängig aggressive Atmosphäre. Die verwundert nicht, wenn man mehr als 20 Leute auf begrenztem Raum zusammensperrt, zumal ja jeder als Gewalttäter schon von Haus aus einiges an Wut und Angriffslust mitbringt.

Am meisten haben mich aber die therapeutischen Methoden und Ideologien genervt, die das therapeutische Team da tagaus-tagein verbreitet hat.

Die allgemeine Grundaussage der Therapeuten war, daß der, der sich "auf die Therapie einläßt", starke Fortschritte in Richtung Gesundung macht. Manchmal war sogar zu hören, daß ein therapeutisch so richtig gut bearbeiteter Patient dann in viel lebensreiferem Zustand entlassen würde als die Normalbevölkerung draußen sei. Das nervige an solchen Aussagen war, daß sie mit meiner und der anderen

Patienten Erfahrung nicht übereinstimmte.

Das Einlassen auf die Therapie bestand meist darin, die vom Therapeuten verordnete Problemdefinition zu übernehmen und nachzubeten. Darüberhinaus galt es, ängstigende Erfahrungen aus der Kindheit nachzuerleben sowie für problematische Situationen vom Therapeuten verordnete Verhaltensweisen zu trainieren. Kriterium für eine Entlassung war -und ist auch heute noch- die Gefühlsfähigkeit , vor allem die Reue bezüglich der Straftat.

So auf dem Papier sieht so ein Programm sicher gut aus.

In der Praxis liegt aber schon oft die therapeutischen Problemdefinition seltsam schulmeisterlich neben der vom Patienten empfundenen Problemwirklichkeit, erweisen sich die therapeutischen Techniken als in sich widersprüchlich und für den Patienten kaum durchführbar.

Der Hintergrund dieses Phänomens findet sich im gesellschaftlichen Zweck der Psychiatrie und damit auch der Forensik. Sie ist eine Religion der heutigen Zeit und hat damit die Aufgabe, Lebens motivation durch die Peitsche der gesellschaftlichen Ausgrenzung zu bieten.

Wobei die durch die Psychiatrie erreichte Motivation im Gegensatz zu der durchs Strafrecht gegebenen mehr auf die allgemeine engagierte Beteiligung am Wirtschaftsleben zielt. Mit dem Strafrecht kann man Handlungen verbieten, aber wie erreicht man ein wirkliches Engagement der Leute? Eben mit dem Phänomen der gesellschaftlichen Ausgrenzung. Da kommen dann eben Leute, die sich sehr still verweigern(Depressive) oder aggressiv- belästigend (Maniker, Schizophrene, Persönlichkeitsgestörte)wirken, gern mal in die Psychiatrie.

Und die anderen ,die Normalen , sehen das und beschließen , da nie hinzukommen. Und machen eben weiter die niederen Farbik-und Dienstleistungsjobs und höchstens gelegentlich mal blau.

Diese repressive Selbsterziehung der Gesellschaft wird ganz gut getarnt durch das Heilsversprechen der Therapie. Denn wenn doch die Psychiatrisierung der Gesundung dient, wer kann dann etwas dagegen haben?

In Wirklichkeit darf diese Gesundung aber nicht allzugut funktionieren. Wenn aus jedem seelisch-geistigen Sklaven wirklich ein gefühlsstarker Selbstverwirklicher werden würde: wollte dann noch jemand Putzfrau, Zeitungsbote , Altenpfleger in der Fließbandpflege oder sonst was uncooles sein?

Diese Ideen zum sozialen Nutzen der Psychiatrie stammen ja nicht von mir, sondern stehen so ähnlich sogar in psychiatrischen Lehrbüchern. Allerdings nicht auf Seite 1, sondern etwas verschämt in den hinteren Teilen. Über den gesellschaftlichen Nutzen speziell der Forensik steht meist nix in den Lehrbüchern. Wie schon gesagt:

Ich vermute, daß zwecks Glaubwürdigkeit des Psychiatriesystems einfach alle Lebensbereiche abgedeckt gehören, somit eben auch der Umgang mit Straftätern.

Zusätzlich hilft die forensische Psychiatrie beim

emotionalen Umgang mit den Extremen unter den Tätern, also entweder hilflos oder besonders grausam wirkenden Verbrechern. Diese beiden Gruppen werden ja bevorzugt eingewiesen.

Bezüglich der Hilflosen muß ich als Gesellschaft kein schlechtes Gefühl haben, ihnen vorher nicht geholfen zu haben, denn ihnen wird ja jetzt therapeutisch geholfen.

Bei den besonders Grausamen hält sich mein Haß in Grenzen, denn etwas Äußeres, eben die Krankheit, hat ihr Handeln bestimmt. Dieser sozusagen psychologische Nutzen der Forensik steht natürlich im Gegensatz zu ihrer Fragwürdigkeit als Bollwerk gegen Rückfälle. Denn wenn ein solches System seinen repressiven Charakter dadurch tarnen muß, daß es auch gelegentlich Leute entläßt, ist das natürlich riskanter, als wenn man die Leute nach ihrer ersten schweren Straftat gleich drinließe.

Wie wir aber schon gesehen haben, würde das einmal gegen die Verfassung verstoßen und dann eben auch gegen das Prinzip Hoffnung, Und dieses macht ein Repressionssystem wie das der Psychiatrie eben erst akzeptabel.

Gegenüber der ganz überwiegend repressiv ausgerichteten Psychiatrie in der ersten Hälfte des 20.Jahrhunderts haben sich seitdem durchaus im Bereich der Therapie Entwicklungen zu echter Hilfestellungen für Leute mit Problemen ergeben. Teure psychosomatisch orientierte Sanatorien helfen dem gestressten Manager mit Flugangst oder sonstigen Funktionsstörungen sicher recht effektiv, im Karrie-

17

rekampf wieder voll mitzumischen.

Auch bei der christlichen Kirche früherer Zeiten gabs ja durchaus echte Lebenshilfeangebote, Meditationsschulen und dergleichen. Für die große Menge des Volks gabs aber vor allem Repression durch unterordnende Gebete und die Inquisition. Und diese Funktion nimmt für die breit Masse der Patienten in den staatlichen Landeskrankenhäusern und in der Forensik eben heute die Therapie ein, und die Entlassungen symbolisieren hier das Prinzip Hoffnung.

Die Therapeuten haben nun zwei gute Tricks drauf, die Therapie engagiert zu gestalten und dabei die Zahl der Entlassungen in dem gewünschten, zur Demonstration des Prinzip Hoffnung hinreichenden Maß, begrenzen zu können.

Einmal definieren sie etwas als "wirkliches Problem" des Patienten, das gar nicht sein wirkliches Problem ist. Mit diesem in vielen Varianten spielbaren Trick schaffen sie es, pausenlos therapeutisch tätig zu sein und sich der Sinnhaftigkeit ihrer Arbeit zu vergewissern. Eine realistische Betrachtung der Perspektiven der allermeisten Patienten wäre demgegenüber für sie demotivierend.

Der zweite Trick ist ein eigentlich unsinniges Entlasskriterium, nämlich die Gefühlsfähigkeit und das Bereuen des Ptienten. Wie wir gleich sehen werden, können dies nur geschickte Lügner und Schauspieler erfüllen, und damit bleibt die Anzahl der zu entlassenen Patienten überschaubar und steuerbar, je nach geforderter Intensität des Lügens.

Bevor wir beide Tricks näher beleuchten und sie mit vielen Beispielen aus meiner Therapieerfahrung lebendig werden lassen, stellt sich die Frage: wenn man- um die oben erörterten religiösen Zwecke des psychiatrischen Systems zu bedienen - viele drinnbehalten und einige entlassen will, warum entläßt man nicht einfach die Geheilten und Ungefährlichen ?

Die Antwort beinhaltet der alte Psychiaterwitz: Die Hälfte meiner Patienten könnte entlassen werden, ich weiß nur nicht welche.

Es gibt keine wirklich wirksamen Kriterien, die Gefährlichen von den Harmlosen zu trennen.

Die in offiziellen Studien ermittelten Rückfallquoten von 20% bestätigen das.

Diese 20% Fehlprognosen sind sicher besser, als hätte man nur geraten.

Man kann durch Bewertung der Therapiemitarbeit und insbesondere der vom Patienten gezeigten Einfühlungsfähigkeit ins Leiden anderer Menschen die Rückfallprognose sicher gegenüber einer zufälligen Entscheidung verbessern.

Wobei die genannten Kriterien nicht direkt die Harmlosen ausfiltern, sondern die geschickten Lügner.

Und wer gerade in Gefühlsdingen geschickt lügt, beweist eine gewisse innere Flexibilität. Diese befähigt ihn dann auch, die seiner Straftat zugrunde liegenden Ängste und Aggressionen mit anderen als kriminellen Handlungen zu bewältigen. Sicherlich nutzt der "erfolgreich" entlassene Patient dazu Versatzstücke aus den Therapien, die er in der Unterbringung mitmachte. Ich habe aber bei mir und bei anderen erfolgreichen Entlaßkandidaten nie jemanden kennengelernt, der diese Therapien eins zu eins nachvollzogen hätte. Alle haben sich eigene Deutungen ihres Verhaltens zurechtgelegt, die gerade in entscheidenden Punkten von den offiziellen therapeutischen Interpretationen abwichen.

Das ist vermutlich sogar sinnvoll, weil die therapeutische Deutungen wie eben geschildert meist etwas neben der Realität liegen, eben weil die Therapie aus den genannten Gründen ja gar nicht immer erfolgreich sein soll.

Dies haben sie aber den Therapeuten gegenüber verschwiegen. In der Therapie haben sie die offizielle therapeutische Linie vorgeschauspielert. Denn nur so ist eine Entlassung möglich.

Betrachten wir als Beleg dafür im Datail das Königskriterium für eine Entlassung. Dies ist die Fähigkeit, mit dem Opfer der Straftat Mitleid zu haben, traurig zu sein.

Vordergründig ist das sicher sehr wünschenswert, aber ist das realistisch?

Trauer, Mitleid, diese Gefühle entstehen meines Erachtens dann, wenn der Mensch einen Verlust von ihm nahestehenden Menschen verkraften muß. Tiefgreifende Gefühle während dieser Trauerphase bewirken eine Umstrukturierung der inneren Wahrnehmung dahingehend, daß der verlorene geliebte Mensch aus dem Vordergrund der Wahrnehmung zurücktritt und Raum für neue Erfahrungen entsteht. Gelingt dieser Trauerprozess nicht, werden die Leute dann depressiv.

Wenn aber fremde Menschen sterben, ist die doch die normale Reaktion Gleichgültigkeit. Vielleicht entsteht kurzfristig etwas Mitleid, vernünftigerweise wird dies aber nicht zu lange gepflegt, sonst würde ja jeder unter dem Leid der Welt, das die Medien täglich vermitteln, zusammenbrechen.

Eine weitere normale Reaktion ist Wut, nämlich dann, wenn jemand durch einen anderen Menschen getötet wurde. Diese Wut ist verständlich und sinnvoll, denn der Mörder ist sicher eine Bedrohung für die ganze Gemeinschaft und muß bekämpft werden. Bei besonders schützenswerten Gruppen wie Frauen und vor allem Kindern ist die Wut naturgemäß besonders groß. Aber nur dann, wenn wirklich eine Bedrohung für andere Familien darin liegt. Wenn zum Beispiel Eltern ihre eigenen Kinder töten hält sich die Erregung der Öffentlichkeit stark in Grenzen, eben weil niemand darin eine Bedrohung für die eigenen Kinder sieht.

Auch die normalen Leute und die Gesellschaft sind also nicht so moralisch, wie sie gerne von sich behaupten. Ich finde es nun unrealistisch, von einem Straftäter diesbezüglich mehr zu erwarten.

Zudem es auch vermutlich gar nicht möglich ist, eine angeordnete Trauer bezüglich eines Menschen zu entwickeln, zu dem man gar keine enge Beziehung hatte. Anders ist das sicherlich bei Leuten, die ihren Beziehungspartner umbringen. Aber auch hier widerspricht die Trauer auf Befehl wohl den natürlichen Leidensprozessen.

Ich kann verstehen, daß diese Überlegungen für Opfer von Straftaten schwer zu ertragen sind.

Als Opfer wünscht man sich Gerechtigkeit, dazu gehört sicher die Vorstellung, daß der Täter an seiner Tat und den Folgen leidet. Diese Vorstellungen sind wichtig für die Lebensperspektive eines Tatopfers und im erweiterten Sinne auch für die Lebensperspektive der ganzen Gesellschaft.

Parallel braucht die Gesellschaft aber auch einen gewissen Realitätssinn, und für die Wahrnehmung der Realität sind diese Erörterungen hier schon nötig.

Die Realität besteht einmal aus dem psychiatrischen System, das als Ersatzreligion zentrale Motivation für die Gesellschaft bereitstellt durch beispielhafte Ausgrenzung störender Menschen.

Die Härte dieser gesellschaftlichen Selbsterziehung wird gemildert durch ebenso beispielhafte Wiedereingliederung "reuiger Sünder". Im Bereich der Forensik produziert diese Religion einen Entlassungszwang des Systems, mal ganz abgesehen von den rechtlichen Vorgaben der Verfassung.

Da es keine Möglichkeit gibt, wirklich sicher die Ungefährlichkeit eines Kriminellen zu prognostizieren, werden entsprechende Kriterien konstruiert, unter Benutzung der gesellschaftlichen Gerechtigkeitswünsche.

So kommt es, daß alle ins psychiatrische System verstrickten Fachleute im Fall einer vorgesehenen Entlassung prognostizieren, daß vom Probanden jetzt keine Straftaten mehr zu erwarten sind.

Mal abgesehen, daß die Justiz von ihnen diese Formulierung verlangt: den Widerspruch zu den kriminologisch ermittelten 20% Rückfallhäufigkeit wollen sie nicht sehen. Vermutlich würden sie über Entlaßkandidaten ähnlich euphorisch urteilen, wenn es die gesetzlichen Vorformulierungen nicht gäbe. Denn ich kenne keine forensische Veröffentlichung, die das Prognosesystem ganz grundsätzlich in Frage stellt. Da ist immer nur die Rede von "Verbesserungen". Eben wie überzeugte Kommunisten den Kommunismus verbessern, ihn aber niemals prinzipiell in Frage stellen wollten.

Zu solch ideologisch verengtem Denken sind natürlich nur eine Minderheit der Menschen und deshalb auch nur eine kleine Gruppe der Psychologen und Psychiater fähig. Und genau diese fühlen sich von dem forensischen System magisch angezogen.

In den 80er Jahren, also meiner Unterbringungszeit, konnte man als junger Mensch grob gesprochen eine von zwei gegensätzlichen Richtungen einschlagen. Entweder man orientierte sich am Leistungsdenken und arbeitete an einer Wirtschaftskarriere.

Oder man trat an, die Gesellschaft zu verbessern. Vorzugsweise in Berufen wie Sozialarbeiter oder Psychologe. Das hatte den Vorteil, ausgestattet mit einem netten Gehalt das Wohlgefühl eines guten Gewissens betonfest zu spüren. Schließlich half man als mittelschichtstämmiger Wohltäter doch den Randgruppen am unteren Ende der Gesellschaft und arbeitete damit intensiv am großen Ziel: die gesamte Gesellschaft zur völligen Friedlichkeit und absoluten

Toleranz zu bekehren. Und zwar so tolerant, daß man lieber rot als tot war.

Damals lebten beide Gruppen ideologiefest neben sich her. Erst in den letzten Jahren bewegen sie sich etwas aufeinander zu. Die Wirtschaftswissenschaftler denken schon mal nach über gesellschaftliche Prozesse, und mancher Sozialarbeiter beschränkt sich auf realistische Ziele bei seiner Klientel. Und die Weltverbesserer sind eh zu einer Minigruppe geschrumpft, seit nach der Wende klarer wurde, wie "lieber rot als tot" in der Praxis aussah.

Im Bereich der forensischen Psychiatrie ist diese Minigruppe der Weltverbesserer aber weiter dominant. Die meist noch jungen Therapeuten haben ein derart humanistisch-idealistisches Weltbild, daß sie jedem noch so gestörten Menschen eine grundlegende Wandlungsfähigkeit zuschreiben.

Mit dieser Grundeinstellung treffen sie dann auf seit frühester Kindheit broken-home-und heimsozialisierte Menschen, deren Einstellung wiederum von einer tiefen Angst und daraus resultierend Haß geprägt ist. Ihr Denken kreist vor allem um die Frage: Wie kann ich den heutigen Tag überleben in einer für mich physisch und und vor allem psychisch feindlichen Umwelt?

Physisch und psychisch feindlich: das ist für den 8-jährigen Heimbewohner Anfang der 60er Jahre der Pater, der mit ihm und anderen ausgewählten Lieblingen Sex hat, dafür gibt es auch Vergünstigungen, z.B. weniger Schläge. Heute haben die Pater in den Heimen sozusagen ausgefickt, früher war sowas aber fast schon die Regel.

Um halbwegs gut durchzukommen, ist es hier angesagt, zu lügen.Ja ‚Pater, deinen Schwanz in meinem Arsch finde ich geil.Ja Pater, weil ich böse war und Dich zur Lust verführt habe, brauche ich Schläge. Ich freue mich , daß ich heute nur 10 mit dem Stock kriege. Außerdem freue ich mich, daß ich mit den anderen ausgewählten Lustknaben am Wochenende Ausgang kriege.

25 Jahre und mehrere Vergwaltigungen später, also im Alter von ca. Mitte 30:

Ja, Herr Therapeut, die Therapie geht wirklich gut ab, mir geht es richtig gut, wenn wir mal über meine schlimme Vergangeheit reden. Ja, Herr Therapeut, ich habe einen Fehler gemacht, als ich gegen die Stationsordnung Gewaltpornos gekuckt habe und zusätzlich noch gesoffen habe.

Ich sehe ein, daß ich noch viel therapeutisch aufarbeiten muß. Ich freue mich, daß ich wegen meiner Einsicht und Bereitschaft, therapeutisch alles mitzumachen, nur 10 Tage Ausgangssperre kriege. Außerdem freue ich mich, daß ich danach wieder freien Ausgang bekomme.

Jeder, der schon mit 8 Jahren des Paters Schwanz im Arsch hatte, lernt ne Menge Dinge:

Einmal: Die Welt ist Scheiße. Zumindest für mich. Dann: Es gibt noch ne andere schöne Welt. Das ist die der Mächtigen und Guten. Diese Welt ist aber nicht für mich und wird es auch nicht sein.Und schließlich drittens: Wenn ich link bin und geschickt lüge und trickse, erhasche ich einen Hauch dieser schönen Welt. Für einen kurzen Moment nur, aber da diese Welt ja eh nicht für mich ist und ich unweigerlich wieder in der Scheiße lande, sind Konsequenzen des Lügens egal. Negativer als die Scheiße-Welt können sie auch nicht sein.

Dies dürfte, unabhängig vom Delikt, die Kerneinstellung der meisten Patienten sein. Sicherlich gibt es die kinderfickenden Priester heute nicht mehr, vermutlich sind die Kinder, die in den heutigen Heimen landen, sogar recht gut dran. Dafür gibt es aber in einer freiheitlichen Gesellschaft weniger sozialen Druck und Kontrolle bezüglich der Erziehung als in früheren Zeiten. Für Nachschub in Knast und Forensik ist also durch die "Privaterziehung" hinreichend gesorgt.

Aus der "Die Welt ist Scheiße"-Einstellung, die der durchschnittliche Patient lebensgeschichtlich entwickelt hat, verfeinert er nun seine schon in den Heimen und Jugendknästen gelernten Lügenstrategien.

Hierbei gibt es zwei sich ergänzende Varianten, je nach Neigung des Patienten wird er eine schwerpunktmäßig einsetzen.

Die erste möchte ich mal als die Emotionsalisierungs-oder Verkäufermethode bezeichnen. Es geht hier darum, den Therapeuten emotional unter Druck zu setzen, wenigstens kleine Vergünstigungen wie stundenweise Freigänge zu erreichen.

Die Techniken sind dieselben, die auch der geschickte Drücker an der Haustür verwendet.

In geschickter, durch richtiggehende psychologische Tricks getarnter Form wird aus dem Weltbild der Therapeuten das schlechte Gewissen aktiviert. Der Therapeut gerät emotional derart unter Druck, daß er seine normalen Entlaßkriterien wegrationalisiert, nur um dem Druck des Patienten zu entgehen.

Meist führt diese Methode allein nicht zur endgültigen Entlassung. Sie ist aber für die Öffentlichkeit deshalb so gefährlich, weil sie erstaunlich schnell zu einigem Ausgang führt. Dieser wird dann gern für neue Straftaten genutzt. Leute, die diese Strategie fahren, sind die, die im Umfeld von forensischen Anstalten immer wieder mit neuen Kinderfickereien, Diebstählen usw. auffallen, aber immer wieder schnell an Ausgang kommen.

Die zweite Raustricksmethode besteht in einem scheinbar konsequenten, geradezu sklavischen Erfüllen der therapeutischen Vorgaben. Da aber diese Vorgaben oft, wie beim beschriebenen Mitleidskriterium, gar nicht zu erfüllen sind, muß hier der Patient über seine innere Gefühlswelt intensiv lügen. Bei einem schwereren Delikt ist diese Mitspiel-Methode der einzige Weg, um entlassen zu werden. Nur mit der Verkäufer-Methode kommt hier keiner mehr weiter.

Gegen die Verkäufer-Methode haben sich die Therapeuten inzwischen mit gegenseitiger Kontrolle etwas abgesichert. Bei anstehenden größeren Lockerungen der Unterbringung beurteilen dann rein nach Aktenlage andere Therapeuten den Patienten, ohne ihn persönlich zu kennen. Hier fällt dann schon auf, wenn der manipulierte Therapeut in diesen Akten nur Hoffnung auf Besserung darstellt, ohne aber über konkrete therapeutische Aktionen zu berichten.

In den sehr therapiegläubigen 80er Jahren sah das noch anders aus, leichte Fälle konnten sich hier mit virtuoser Anwendung der Emotionsmethode bis zur Entlassung tricksen, auch ohne viel Therapie im Detail machen zu müssen.

Schauen wir uns so einen Fall näher an.Wegen seiner Frisur nenne ich ihn hier mal den Punker.

Aus Sicht der Therapeuten war das ein eher leichter Fall. Die Öffentlichkeit wird das bei den Delikten Vergewaltigung und Körperverletzung sicher anders sehen. Für forensische Therapeuten zählt jemand, der als Alkoholiker ohne sonstige perverse Neigungen solche Delikte begeht, zusätzlich noch als minderbegabt (das politisch korrekte Wort für Schwachsinn) gilt, als leichter Fall.

Deshalb arbeiten auch nur solche Therapeuten in der Forensik, die zwanghaft an das Gute im Menschen glauben wollen. Im Falle des Punkers glaubten sie auch an seine Minderbegabung. Mag richtig gewesen sein, schließlich konnte er nicht lesen und schreiben. Aber die Therapeuten mit der Verkäufermasche austricksen, das konnte er prima. Zusätzliche Fähigkeiten waren seine Qualitäten als Straßenkämpfer. Seine Nahkampfspezialität waren hierbei sogenannte Kopfschläge.

Dabei faßt man dem Gegner oder besser dem Opfer in die Haare, reißt dessen Kopf zu sich heran und donnert ihm die eigene Stirn auf die Nase. Kommt meist sehr erfolgreich, der Nasenbeinbruch des Opfers ist garantiert und der Typ ist danach so fertig, daß man ihm mit dann mit Tritten in die Rippen oder die Eier locker den Rest geben kann. Zum Teil waren seine Opfer die Mitpatienten, zum Teil auch normale Bürger, die ihm auf seinen Ausgängen begegneten und, um es in seinen Worten zu sagen, "spießig" aussahen.Einen englischen Soldaten erwischte er nach der beschriebenen Kopfschlag-Methode auf einer Kirmes und der Engländer war danach im Krankenhaus und dergleichen Vorfälle mehr. Die Justiz interessiert sich übrigens wenig für solche Fälle. Im Falle von Forensikpatienten wird sowas fast immer eingestellt. Schließlich ist aus deren Sicht der Typ ja sowieso zu unbegrenzter Unterbringung verurteilt.

Um auf die Minderbegabung zurückzukommen:

Wenn man bedenkt, daß der Punker immer wieder Ausgang kriegte, obwohl er alle ein- bis zwei Jahre außerhalb der Anstalt auf Freigängen Leute krankenhausreif schlug: in seinem Fall sind die eigentlich Minderbegabten wohl eher unter den Therapeuten zu suchen.

Dabei lief seine Nummer immer nach derselben, für die Emotionalisierungsstrategie typischen Masche.

Hatte er gerade keinen Ausgang, lief der Punker aggressionstechnisch zur Höchstform auf.

Er bedrohte über Wochen einfach jeden auf Station, schrie jeden an, er werde ihm bei geeigneter Gelegenheit noch richtig die Fresse polieren. Der Punker drohte hier natürlich insbesondere mit seiner Spezialtechnik , dem Kopfschlag.Bei diesen Drohungen ließ er natürlich auch das Pflegepersonal nicht aus. Seit die Psychologen Anfang der 80er Jahre die Macht in den Psychiatrien übernahmen, hatten die Pfleger ihre frühere, ebenfalls gewalttätige Macht gänzlich verloren und dienen mit nur unwesentlichen Abstrichen bis heute hauptsächlich als Mülleimer für die Aggressionen der Patienten. Um so eher werden sie, wenn der Psychologe so pro forma mal nach ihrer Einschätzung fragt, den Ausgang befürworten, schließlich wird die Station dadurch ruhiger.

Der Einzige, den man natürlich von Aggressionen verschonen muß, ist der Psychologe.

Schließlich ist er das Ziel der ganzen Show, ihm soll nach dieser Nummer deutlich werden, daß der Patient, also der Punker, ein eigentlich ganz Lieber ist. Dazu sollte man den Psychologen sehr pfleglich behandeln.

Gleichzeitig muß man weiter aggressiv sein, wenn der Psychologe dazukommt.Denn nach den ungeschriebenen Regeln der Psychologen ist man ja dann besonders offen und ehrlich, wenn man Agressionen unkontrolliert rausläßt. Nur darf das natürlich nicht gegenüber dem Psycho selber sein, denn das hat er nicht so gern. Aber zum Beispiel kann man in seiner Gegenwart die Pfleger anschreien, dem Psycho erklären, daß das alles dreckige Nazis sind und Faschisten und Spießer.Auch einige angedeutete Fußtritte oder Boxhiebe in Richtung des Pfleger-Spießers empfehlen sich hier. Wie schon gesagt, in der Psychiatrie waren seit den frühen 80ern die Pfleger hauptsächlich Fußabtreter sowohl für die Patienten als auch die Therapeuten.

Diese ganze Drohnummer spulte unser Punker geradezu vorbildlich ab. Spätestens, wenn er erkennbar kurz vor dem Zuschlagen stand, intervenierte der Therapeut.

Und zwar dadurch, daß er den Pflegern verbot, hier einzuschreiten und unseren Punker nach früher bewährten Methoden im sogenannten Kriseninterventionsraum abzusondern. Das sei schließlich jetzt eine therapeutisch ganz wichtige Phase. Da dürfe man kein Vertrauen zerstören.

Auf diese liebevollen Worte hin beruhigte sich der Punker dann ein wenig und hatte die Gnade, mit der damaligen Therapeutin in ein konstruktives Einzelgespräch einzutreten.

Als Resultat gab es dann meistens wieder Ausgang. Bis zur nächsten Körperverletzung.

Das wochenlange Rumdrohen allein reicht also nicht aus. Es bildet nur den Hintergrund, um sich dann vom Therapeuten etwas beruhigen zu lassen. Erst dieser Kontrast erweckt im Therapeuten dann Hoffnung, daß es jetzt vorangehe mit der Therapie.

Ein unauffälig-ruhiger Patient wäre dem Therapeuten gar nicht aufgefallen. Und therapeutisch-positiv wäre unauffällig-ruhig auch nicht bewertet worden. Eher war so jemand verdächtig im Sinne von "er öffnet sich nicht der Therapie".

Der damalige Therapeut war eine Therapeutin. Wegen ihrer kindisch-verspielten Art und ihrer langen Ohrhänger erinnerte sie mich an die damals populäre

99 -Lufballon-Sängerin Nena.

Nena war meine erste Psychologin und Stationsleiterin und blieb mir für anderthalb Jahre erhalten.

Sie war damals bestimmt nicht viel älter als ich, also so Mitte 20.

Laut eigenem Bekunden verfügte sie schon in diesen jungen Jahren über drei abgeschlossene Therapieausbildungen, was entweder für eine schnelle Auffassungsgabe oder aber für eine gewisse Selbstüberschätzung spricht.

Der Punker hatte nicht mal eine einzige Therapieausbildung, sicherlich noch nicht mal einen Schulabschluß.

Unsere Nena aber hatte er, wie einige Mitpatienten auch, mit den geschilderten Methoden voll im Griff. Denn alle drei Ausbildungen hatten es wohl versäumt, auf etwas wichtiges hinzuweisen:

Leute, die ihre Sozialisation auf der Straße erfahren haben, können vielleicht nicht fließend Shakespeare zitieren.Aber sie haben gelernt, schnell zu spüren, wo andere Leute ihre Schwachpunkte haben und wie sie dadurch manipulierbar sind.Und Nena wie auch die meisten anderen waren manipulierbar durch ihren Wunschtraum, auch die schlimmsten Finger für garantiert resozialisierbar zu halten. In einer Therapieausbildung wird dieses Thema normalerweise gar nicht besprochen.

Einmal sind die Ausbilder selbst diesbezüglich betriebsblind, außerdem richtet sich die Therapie ja normalerweise an mittelschichtstämmige Problemtypen mit Ängsten vor allem Möglichen. Diese kommen ja freiwillig in die Therapie und man kann sicher erwarten, daß sie die Wahrheit sagen und keine manipulativen Absichten hegen.

Umgekehrt gilt aber auch: Bezüglich eines "normalen" Psychotherapiepatienten gibt es keinen Grund, ihn künstlich lange als krank zu definieren, denn er soll ja möglichst rasch mit der Therapie fertig werden.

In der Forensik geht das natürlich nicht. Denn das System bezweckt ja, wegen der oben beschriebenen Mischung aus echtem Sicherheitsbedürfnis und den für die Gesellschaft nötigen symbolischen Ausgrenzungen nur einen Teil, möglichst den ungefährlichen, zu entlassen.

Da es aber ein wirkliches Kriterium für Ungefährlichkeit nicht gibt, trickst dann einmal das psychiatrische System den Patienten aus, indem es ihm vorgaukelt, daß es solche Kriterien und auch für ihn geeignete Therapien in Wirklichkeit gebe. Der Patient wiederum- in unserem Beispiel der Punker- revanchiert sich, indem er seinerseits zum eigenen Vorteil des Ausgangs die Therapeuten austrickst.

Das Punker-Beispiel zeigt hierbei sehr schön, was ich oben den "ersten Trick der Therapeuten" genannt habe. Nämlich die Angewohnheit, zwecks Errichtung der eigenen therapeutischen Erfolgsillusionen das Problem des Patienten immer etwas neben seinen eigentlichen Störungen zu definieren. Das wird als Nebeneffekt zur Selbstversicherung der Therapeuten die meisten Patienten richtig verwirren, da sind allzuviele Entlasskandidaten gar nicht zu erwarten.

Und das ist ja auch wichtig: einige müssen entlassen werden, keinesfalls aber alle. Denn sich "auf die Therapie einzulassen", ist sicher das erste der Entlaßkriterien.Und so dient dieser Selbstversicherungstrick der Therapeuten gleich als erster Filter gegen zuviele Entlaßkandidaten.

Beim Punker lief dieser Versuch auch, aber er hat ihn durch seine Verlogenheit einfach ausgehebelt.

Denn seine Problemdefinition war, daß er Alkoholiker wäre und seine Therapie darin bestünde, den Alkohol rauszulassen. Und als erfahrener Trickser hat er diese Definition sehr gerne für sich übernommen.

Nun ist auch für mich als psychologischem Laien klar, daß jemand, dessen vielfältige Delikte Körperverletzungen und Vergewaltigung umfassen, nicht "nur" Alkoholiker ist. Er ist wohl eher "auch" Alkoholiker, neben seinen eigentlichen Problemen. Diese dürften vielleicht eher im Bereich "Kränkung durch Gewalterfahrung" und als Ausgleich dazu in einem zuhälterhaften Frauenbild liegen.

Mit einer Besprechung solcher Themen, also der früheren sozialen Realität des Patienten, käme man vermutlich einer echten Therapie näher. Das wäre aber äußerst ungünstig für die Selbstwahrnehmung der zuständigen Psychiater und Psychologen. Denn würden sie sich dieser Realität nähern, würde der Glaube und die Selbstgewissheit leiden, bei einer solcherart verkorksten Persönlichkeit mit der vom Gesetzgeber geforderten Sicherheit einen therapeutischen Wandel herbeiführen zu können. Über einen Menschen, dessen kaputte Persönlichkeit man unvoreingenommen und ohne ideologische Brille wahrnimmt, kann man eben schlecht schreiben: Jetzt sind mit Sicherheit keine Straftaten mehr zu erwarten.

Vor allem dann nicht, wenn jemand wegen seiner mangelnden Intellektualität für eine solche das eigene Leben ehrlich reflektierende Therapie gar nicht in Frage käme.

Hier greift nun dieser erste Trick des therapeutischen Systems. Das Problem des Patienten wird gerade so definiert, daß immer scheinbare Hoffnung auf einen möglichen therapeutischen Erfolg besteht.

Denn nur so können die beteiligten Therapeuten ihre Selbstgewißheit erhalten, eine Therapie mit garantierter Ungefährlichkeitsprognose sei möglich. Die sozialen Realität der Patienten muß dabei unter allen Umständen umschifft werden, denn eine derartige Betrachtung hindert in den meisten Fällen an der Errichtung der Illusion, eine Therapie mit Erfolgsgarantie sei möglich.

Im Falle des Punkers wäre das wie gesagt schon an seiner mangelnden Reflektionsbereitschaft gescheitert. Deshalb macht man sich in den Fällen intellektueller Minderbegabung Hoffnung gern durch Beschränkung der Problemdefinition auf das Thema "Alkoholismus".

Da kann man sich immer wieder Hoffnungen machen, daß es diesmal klappt, daß der Patient nun nicht mehr trinken wird und es stufenweise mit immer mehr Freigängen bis zur Entlassung schaffen wird. Und in diese Hoffnungen klinkt sich ein Austricksvirtuose wie der Punker immer wieder erfolgreich ein.

Besonders gut gelang ihm das bei der Wundertherapeutin Nena. Da wurden fortlaufend neue "Therapieverträge" geschlossen, die unser Punker auch alle gnädigerweise unterschrieb. Da er sie nicht lesen konnte, fühlte er sich an den ihm von Nena mündlich mitgeteilten Inhalt wohl nicht allzusehr gebunden.

Fast alle beteiligten Gruppen haben hier einen Gewinn: Die Therapeuten fühlen sich wohl, schließlich sind sie permanent im Sinn des Gutmenschtums tätig. Sozusagen immer im Dienst des Herrn unterwegs, die Jungs. Der Punker fühlt sich auch gut. Schließlich hat er Ausgang, zieht sich draußen seinen Korn rein oder bringt sich mal ne nette Pulle mit aufs Zimmer. Allzuviel Angst vor Entdeckung seiner Sauferei muß er nicht haben. Schließlich sind die Pfleger ja froh, mal für einige Wochen keine Kopfschläge angedroht zu bekommen. Da werden sie mal über die Fahne hinwegriechen, die den Punker umweht.

Die Gesellschaft so im allgemeinen ist auch froh. Sie weiß aus Berichten der Fachleute: es geht doch voran mit der Therapie, es wird was getan für die Jungs, da kann man ein gutes Gewissen haben. Gleichzeitig- man sieht die hohen Zäune um die Anstalten- ist natürlich für maximale Sicherheit gesorgt.

Nur die konkreten Opfer des Punkers und aller ähnlichen Fälle waren natürlich nicht so glücklich.

Wenn ein Therapeut bei diesen Hoffnungsspielchen nicht mitmacht , verliert er schnell seinen Job.

So jemanden habe ich ganz am Anfang meiner Unterbringungszeit kennengelernt. Dieser Arzt kam dadurch ins Spiel, daß ich mit Nena gleich zu Anfang Differenzen hatte.

Von Beginn an gab es zwischen ihr und mir erhebliche Meinungsunterschiede bezüglich der Therapiegestaltung.

Diese Meinungsunterschiede resultierten auch wieder aus Trick 1 der therapeutischen Zunft.

Da ich nie viel Alkohol getrunken hatte, wäre die Problemdefintion "Alkoholiker" nicht geeignet gewesen.

Viel besser geeignet ist: "die Unfähigkeit, sich auf seine Gefühle einzulassen". Das ist die klassische Problemdefinition der Forensiker für Straftäter, die ihre Handlungen ohne Alkoholeinfluss begehen.

Natürlich kriegte ich diese Einschätzung durch Nena verpaßt. Und aus Sicht des "ersten Therapeutentricks" ergibt diese Definition auch wieder großartige Perspektiven für die Therapeuten. Schließlich eröffnet sich sofort eine klar erkennbare therapeutische Perspektive: Die Jungs müssen sich halt "auf ihre Gefühle einlassen".

Das ist auch alles sicherlich nicht ganz falsch. Ähnlich wie beim Punker sein Alkoholismus eher ein Nebeneffekt denn eigentliche Ursache seiner Kriminalität war, ist es auch hier. Die Unfähigkeit vieler

Psychopathen(politisch korrekt heißt das natürlich Persönlichkeitsgestörte) in Bezug auf Gefühlswahrnehmung ist ja vorhanden. Sie ist aber meines Erachtens nicht eigentlich Ursache der kriminellen Neigungen, sondern selbst wieder Folge und Bewältigungsstrategie lebensgeschichtlich erfahrener Ängste. Das werden sicher auch die meisten Therapeuten so sehen. Auch Nena wird diesen Satz sicher gern unterschreiben.

Aber im therapeutischen Handeln wird sie ihn nicht ernst nehmen. Denn die mit der Gefühlsarmut verdrängten Ängste sind in den meisten Fällen sicher so intensiv, daß die Person sich eben mit dieser Gefühlsverdrängung gegen eine Überflutung durch Angsterfahrungen schützt. Dafür haben die Therapeuten auch einen Fachausdruck: Charakterpanzer. Dieser Begriff gibt dann auch schon Anhaltspunkte für den therapeutischen Umgang, so wie er üblich, aber meines Erachtens nicht erfolgversprechend ist. Denn einen Panzer will man aufbrechen, knacken. Das sind auch durchaus übliche Formulierungen in der Therapeutensprache: Wie kacke ich einen Patienten? Wie komme ich an ihn ran, wie breche ich seinen Charakterpanzer auf?

Meiner Erfahrung nach funktioniert Therapie so nicht. Der Therapeut sollte eher durchblicken lassen, daß er versteht, daß die Überwindung dieser Gefühlsbarrieren schwer oder eben gar nicht möglich ist. Er sollte vielleicht dem Patienten überlassen, wann und ob überhaupt er gefühliger werden möchte. Gleichzeitig ist es sicher hilfreich, die Entstehungsgeschichte der kriminellen Neigungen möglichst realitätsnah zu untersuchen. Schablonenhaftes Aufdrücken einer Lehrbuchansicht zerstört hierbei sicher eher die Entwicklung echter Gefühle als das es sie fördert.

Eines ist aber klar: man wird aus einem solchen Therapieverständnis nie die hinreichende Gewißheit entwickeln können, daß der Patient nicht mehr rückfällig wird. Man kann allenfalls sagen, daß sich seine Chancen verbessert haben.

Und damit ist ein solches Therapieverständnis ein glatter Verstoß gegen Trick 1 der therapeutischen Zunft. Denn wie will man sich selbst als Therapeut so die Sicherheit einer Ungefährlichkeitsprognose suggerieren? Das kann man nur , wenn man einfache therapeutische Lösungen konstruiert. Und diese einfache Lösung ist im Fall der persönlichkeitsgestörten Täter: die Gefühle müssen her. Möglichst viele verdrängte Ängst auf einmal. Jetzt. Sofort und ungefiltert. Realistisch ist eine solche Einstellung nicht, denn schon normale Leute tun sich schwer, über ängstigende Erlebnisse zu reden. Leute, die viele Ängste gespeichert halten, werden bei einer so direkten Vorgehensweise noch viel eher abwehrend zumachen als der Normalbürger.

Damals hatte ich diesbezüglich natürlich noch weniger Erfahrung als heute, aber dieses Grundproblem ist mir schnell aufgefallen.

Auch gegenüber Nena hatte ich das gleich zu Anfang thematisiert. Da war ich aber bei ihr an der falschen Adresse. Auf meine Gefühle solle ich mich einlassen, vorzugsweise auf ängstigende. Je schlimmere Ängste ich hätte, desto besser sei das.

Ich fand das überhaupt nicht. Noch heute denke ich, daß sichs mit weniger bis gar keinen Ängsten besser lebt als mit vielen. Ich kenne sogar normale Leute, die genauso denken und deshalb versuchen, sich von Phobien und ähnlichem kurieren zu lassen.

Wie gesagt: da hatte ich die Rechnung ohne Nena gemacht. Sie diagnostizierte einen starken Widerstand gegen die Therapie, schwere Abspaltungen verdrängter Persönlichkeitsanteile sowie eine paranoid gefärbte Erlebnisverarbeitung. Eben die ganzen in solch schweren Fällen üblichen psychologischen Begriffe kriegte ich da aufgedrückt.

Im forenischen Alltag bedeutet eine solche Einschätzung nur eins: Therapieunfähigkeit.

Nun darf aber wegen der gesetzlichen Therapieverpflichtung keiner in der Forensik ohne Therapie bleiben, zumal dann, wenn er ja wie ich durchaus gesprächsbereit ist, nur eben inhaltlich abweichende Meinungen äußert.

Und hier kam nun der oben schon erwähnte Doktor ins Spiel. Da Nena nicht mehr wollte, übernahm er meine Therapie und auch noch die einiger anderer, die sich schon seit Jahren als therapieresistent erwiesen hatten. Das waren zum Teil Leute, die schon seit mehr als 10 Jahren ohne Entlaßperspektive in der Anstalt abhingen. Der Doktor war recht neu in der Anstalt und dachte scheinbar, seine in einer psychosomatischen Klinik erworbenen und bewährten Therapiestrategien auch in der Forensik umsetzen zu können. Zum Verständnis der Gesamtsituation hilft sicher auch zu wissen, daß ich seinerzeit in einem Verwahrhaus untergebracht war, in dem auf drei Stationen ca. 60 Mann wohnten.

Auf den Stationen konnten sich die Patienten frei bewegen, nur nachts gab es eine Beschränkung auf den Schlaftrakt.

Jede Station hatte einen Psychologen als Stationsleiter, bei mir war es die schon beschriebene Nena. Außerdem gab es eben den erwähnten Arzt, der sich sowohl um körperliche Krankheiten kümmern sollte, aber wegen seiner entsprechenden Ausbildung auch neben den Stationspsychologen für die Therapie zuständig war.

Sein Therapiekonzept stand in sofern im krassen Gegensatz zu den Vorgehensweisen seiner Kollegen, als daß er gar keine Vorgaben machte, die der Patient dann erfüllen sollte. In den Therapiestunden ging es zentral darum , daß er den Patienten auf die Schwierigkeit ansprach, Gefühle zuzulassen. Ein Drängen, jetzt mal schleunigst irgendwelche ängstigenden Erlebnisse nachzuerleben und vorzuführen, habe ich dort nie erlebt. Aus rein therapeutischer Sicht glaube ich nach wie vor,daß das ein vernünftiges Vorgehen ist.

Aber dieses Verfahren ist ungeeignet, Ideologien über sichere Entlaßprognosen zu unterstützen.

Denn dieser Arzt hatte wegen seines Vorgehens natürlich keine Kriterien für eine Entlassung.

Sein einziges Kriterium für eine Entlassung war, daß sich jemand lange genung bei ihm in Therapie befunden hat. Hier war er sicher dahingehend naiv, im Ernst zu glauben, daß sich Anstaltsleitung und Öffentlichkeit damit zufrieden geben. Das hat die Anstaltsleitung auch nicht getan und den guten Doktor ziemlich rasch gefeuert.

Und sicherlich war das auch richtig so. Denn bei seinem System wäre ja jeder irgendwann entlassen worden. Und damit die Zahl der Rückfälle in absoluten Zahlen auf jeden Fall gestiegen. Viel schlimmer aber: bei einem solchen System kann man sich keiner Sicherheitsillusion hingeben, und das ist wohl das eigentlich gesellschaftsgefährdende daran.

Und damit das nicht passiert, befolgen die Therapeuten, die in diesem forensischen System Karriere machen wollen, die von mir als Trick 1 bezeichnete Methode. Man konstruiere ein klares Problem des Patienten, daraus folgt eine eindeutige Therapiemethode mit überprüfbaren Vorgaben, die der Therapeut dann für die Kontrolle des Fortschritts nutzen kann. Realistisch ist das sicher nicht. Denn in allen Ausführungen über Therapie ist das Erfolgskriterium immer die Selbsteinschätzung des Patienten. Nur in der Forensik soll es möglich sein, von außen die innere Befindlichkeit des Patienten einzuschätzen. Das ist wenig realistisch, denn gerade in der Forensik ist die Motivation des Patienten, seine Therapeuten zu täuschen, ja offensichtlich: schließlich hängt seine Freiheit dran.

Das forensische Psychiatriesystem und die Öffentlichkeit stehen hier in einem seltsamen Abhängigkeitsverhältnis. Wir alle wollen Sicherheit und die

Psychiatrie kommt diesem Wunsch durch Schaffung entsprechender Illusionen gern entgegen. Würde sie die Öffentlichkeit realistisch darüber informieren, daß nur eine Wahrscheinlichkeitsprognose möglich ist, würde sie sich ihrer Kernfunktion für die Gesellschaft entziehen. Und diese besteht wie schon gesagt darin, uns allen als Religionsersatz Motivation zum Leben in einer verwirrenden Welt zu liefern. Damit das funktioniert, müssen ähnlich wie in früheren Zeiten bei der Inquisition die Gefährlichen klar von den Harmlosen getrennt werden.

Das war auch immer schon die forensische Vorgehensweise, nur haben sich die Methoden der Wahl an den Zeitgeist angepaßt.

Auch früher gab es schon klare Kriterien für den Therapieerfolg. Diese bestanden aus Anpassung und Unterordnung unter eine strenge Stationsdisziplin, deren Einhaltung dann als Zeichen für geistige Gesundung und Ungefährlichkeit des Probanden interpretiert wurde. Das ist sicherlich illusionär, denn der Patient wird sich natürlich künstlich anpassen.

Genau das tut er aber auch heute: er paßt sich künstlich an die heutigen Kriterien an.

Wie schon öfter erwähnt, bestehen diese aus der Fähigkeit des Patienten, über die eigenen Gefühle zu reden, vor allem auch die eigenen Ängste, Haß-und sonstigen Gefühle bei Begehung der Straftat soll er überzeugend schildern. Zudem, ganz wichtig, soll er mitleidsfähig sein, insbesondere gegenüber seinen Opfern. Über deren Leid soll er auch körpersprachlich überzeugend trauern, also z.B. weinend und mit tränenerstickter Stimme über sein Opfer sprechen. Wenn ein Täter alle diese Fähigkeiten auf Knopfdruck, also auf entsprechenden Wunsch des Therapeuten, schauspielreif abliefern kann, ist die Entlassung kaum noch zu vermeiden. Auch bei schwersten Straftaten wie mehreren Sexualmorden nicht.

Letztlich sind diese Kriterien die moderne Version der sozialen Anpassung. Galt in früheren Zeiten als Leitbild des anständigen Bürgers der Gehorsam gegenüber gesellschaftlichen Autoritäten, hat sich das in unserer Wissensgesellschaft gewandelt. Autoritäten gilt es natürlich immer noch zu respektieren. Aber nicht mehr in früherer plumper Form, sondern vermischt mit der für kreative Leistungen nötigen Eigenständigkeit. In dieses Bild der Gesellschaft passen die heutigen Kriterien gut, das verlangte eigenständige Schildern und Darstellen seiner Innerlichkeit läßt den Kriminellen in seiner resozialisierten Form dann als typisches Mitglied der heutigen Gesellschaft erscheinen.

Die früher üblichen Kriterien der direkten Anpassung gelten übrigens abgeschwächt immer noch.

Das sind Varianten dessen, was auch früher in Knästen und Psychiatrien gern gesehen wurde: Beteiligung an angeordneten Stationsarbeiten und Aktivitäten wie Koch-Putz- und sonstige Gruppen, aber auch Mithilfe bei Planung und Durchführung von Freizeitaktivitäten.

Das Beispiel des Punkers zeigt, daß unter der Leitung linksalternativ eingestellter Therapeuten durchaus auch eine scheinbare Unangepaßtheit eines Patienten gegenüber aus deren Sicht faschistoiden Pflegekräften zur "sozialen Anpassung" gehört.

Diese spezielle Interpretation der sozialen Anspassung dürfte vor allem ein Phänomen der 80er Jahre gewesen sein, die sich aber in den Psychiatrien mit kleinen Abstrichen bis in die heutige Zeit erhalten hat.

Der Linksalternativismus in seinen schärfsten Formen hat sich seit den 80erJahren überlebt, zudem ist natürlich auch die seinerzeitige Pflegergeneration, die ihre Sozialisation noch in autoritären Zeiten erfahren hat, inzwischen ausgestorben. Heute schwätzen die Pflegekräfte selber ziemlich therapeutisch daher.

Nicht zuletzt deshalb ist die Verkäufermethode in der Art,wie sie vom Punker in Reinkultur demonstriert wurde, nicht mehr so erfolgversprechend. Das war sie auch damals wie schon gesagt nur bei "leichteren Fällen".

In einer Mischform mit dem vorgeschauspielerten Erfüllen der therapeutischen Kriterien ist sie aber weiterhin das Mittel der Wahl der meisten Patienten und nach wie vor sehr erfolgreich, um als Patient zu Ausgängen und auch zur Entlassung zu kommen. Dies insbesondere dann, wenn der Patient den entsprechenden Druck auf den Therapeuten durch Aufbau einer guten Beziehung ausübt. Sozusagen sein bester Kumpel wird, dem man die Stunde Ausgang dann schlecht abschlagen kann.

Ein Meister dieses Stils war ein Patient, den ich hier mal den Video-und Action-Fan nennen möchte.

Schließlich war sein liebstes Hobby, Gewaltvideos zu konsumieren. Wichtig war ihm , daß in den von ihm gern gesehenen Filmen viel geschnetzelter Mensch durch die Gegend flog, was er eben als "Action" bezeichnete.

Untergebracht war er wegen Brandstiftung. Und Nena hatte er super im Griff. Seine Variante der Verkäufertechnik war die gut plazierte Charmeoffensive. Nena hörte sich gern reden über ihre ganzen menschheitsbeglückenden Therapiekonzepte und ihre Vorstellungen, wie doch Psychiatrie und Gesellschaft zu verändern seien. Der Video-Fan hat sich das alles in den Therapiestunden widerspruchslos reingezogen. Ja, er hat tiefes Verständnis gezeigt für all die Schwierigkeiten, die sich unserer Nena auf ihrem Weg der Gesellschaftsveränderung so in den Weg stellten. Die faschistoiden Pfleger. Die widerständigen Patienten. Da könnte man glatt die Lust verlieren an der Psychiatrierevolution. Aber unsere Nena hatte ja den Video-Fan, dem sie diesbezüglich ihr Herz ausschütten konnte. Schön für Nena. Und auch für den Action-Fan. Da konnte er ihr doch lässig das "Du" anbieten, was von ihr begierig aufgegriffen wurde. Wenn man von seinem straffälligen Patienten so nett mir Vornamen angesprochen wird, therapiert sichs sicher nochmal so gut.

Und der Video-Fan brauchte in so einer nett-intimen Atmosphäre gar nicht viel inhaltlich zu seinen Straftaten zu sagen, schließlich fand man sich ja menschlich so nett. Das führte schnell zu einigem Ausgang. Hätte auch innerhalb ein-bis zwei Jahren zur Entlassung geführt, wenn der Video-Fan nicht immer wieder auf seinen Ausgängen zur Flasche gegriffen hätte und dann nicht zurückgekehrt wäre.

Es gab-vermutlich wegen der netten Therapieatmosphäre-aber immer nur kurze Ausgangssperren, und die ließen sich ja mit intensivem Video-Gucken einigermaßen überbrücken. Einen Videorecorder gab es nämlich auf Initiative des Action-Fans auf der Station. Geschickt hatte er der vermögenden Schwester eines anderen Patienten, die gelegentlich Anschaffungen für die Station tätigte, diesen Recorder abgeschwätzt. Das schlug sich auch sogleich positiv in Nenas Akten nieder. In einer Stellungnahme ans zuständige Gericht berichtet sie da, daß der Video-Fan nicht nur intensiv an seiner Gesundung arbeite, sondern sich auch zusätzlich für Belange der Station und seiner Mitpatienten einsetze. Gemeint war eben diese Beschaffung des Videorecorders. Was nicht den Akten stand: ab 22 Uhr, wenn der Bereitschaftspfleger schlafen ging, liefen sehr zur Freude der diversen Sexualstraftäter die besten Actionfilme. Eben solche, in denen Frauen vergewaltigt und zerstückelt werden, natürlich unterlegt mit den Todesschreien dieser Frauen. Gerade das törnt manchen richtig an. Man kann sagen, daß die Station in dieser Zeit richtig gut drauf war. Und die dumme Nena hat gar nichts gemerkt. Denn natürlich gabs im Nachmittagsprogramm auch mal was Nettes aus der Rubrik Familienfilm. Diese Videonummer lief einige Jahre. Inzwischen hatten sich auch die Patienten anderer Stationen so einen Videorecorder zugelegt. Dort liefen die Gewaltfilme dann auch tagsüber und führten zu deutlicher Übelkeit des anwesenden Pflegepersonals, was irgendwann dann zum anstaltsweiten Wegschluß der Videogeräte führte.

Ein weiterer brillianter Raustricks-Virtuose war der Auto-Freak. Wie der Spitzname schon erahnen läßt, war er eingewiesen wegen unzähliger alkoholbedingter Verkehrdelikte, deren krönender Abschluß eine Schußfahrt mit einem 40-Tonner - Zementsilozug durch mehrere Polizeisperren bildete.

Vom Umgangsstil her stellte er eine Mischung zwischen Video-Fan und Punker dar, wobei er seine Schlagfähigkeit nur bei Leuten einsetzte, die ihn gewalttätig angingen. Wo ich mit dreiwöchigem Reden nichts erreiche, gab es bei ihm nach einem Schlag keine Probleme mehr.

Insofern war der Typ richtig in Ordnung. Das fanden auch Nena und die Sozialarbeiterin der Station. Diese fuhr nämlich einen alten Citroen, der öfter nicht anspringen wollte. Natürlich kein Problem für den Auto-Freak, solche Dinge als erfahrener Automechaniker kurz zu richten. Wobei er selbstverständlich dafür sorgte, daß das Anlasserproblem keinesfalls grundsätzlich behoben wurde, schließlich sollte die Frau Sozialarbeiterin ja in einer emotionalen Abhängigkeit verbleiben.

Genau das ist ja der Kern aller hier beschriebenen Beispiele der Verkäufer-Strategie: Der Patient versucht, mit dem Therapeuten eine emotionale, geradezu private Ebene zu finden. Das wiederum erzeugt beim Therapeuten Hemmungen, Themen intensiv zu besprechen, die der Patient lieber vermeiden will. Denn das könnte die private Ebene gefährden, die gerade der linksalternativ eingestellte Therapeut für sein eigenes Bestätigungsgefühl braucht. Natürlich wird er zur eigenen Beruhigung diese Themen schon ansprechen, aber sie doch letztlich nur oberflächlich streifen.

Nenas Therapieversuche des Autofreaks zeigen das. War sie doch der Meinung, daß seine ganzen Probleme lösbar wären durch das Fahren kleinerer Lastwagen.Eine Meinung, die erstaunt, weil der Auto-Freak im Suff eben alles nahm, was Räder hatte. Eine Meinung, die außerdem schwer umsetzbar ist im realen Leben. Schließlich bestimmt dort die Art der zu transportierenden Güter die Größe von Lastkraftwagen und nicht eine von Nena vorgesehene Therapie des Fahrers nach dem Motto großer Lastwagen gleich großer Narzissmus, kleiner Lastwagen gleich kleiner Narzissmus.

Die Verkäufer-Methode der Patienten trifft sich hier vortrefflich mit der als Trick 1 der Therapeuten bezeichneten Methode, irgendetwas als Problem des Patienten zu definieren, nur damit man sich mit einfachen Therapiekonstruktionen die Illusion des therapeutischen Fortschritts erhalten kann. Beide, Therapeut und Patient, versuchen, den wirklichen, vermutlich nicht sicher lösbaren Problemen auszuweichen. Der Patient, damit er mal wieder rauskommt. Der Therapeut, damit er nicht die Sinnkrise bekommt. Der dumme Dritte ist das Opfer, was von einem solcherart auf Ausgang geschickten Patienten draußen vor die Fresse kriegt oder vom Auto-Freak überfahren wird.

Soweit kam es zwar nicht, hätte aber gut kommen können.

Denn im letzten halben Jahr seiner Unterbringung machte der Auto-Freak seinem Namen alle Ehre.

Als begabter Handwerker hatte er inzwischen eine Anstellung in einer Maschinenbaufirma in einem Nachbarort der Anstalt gefunden. Die Nächte verbrachte er noch in der Anstalt, jedes Wochenende wurde er nach Hause beurlaubt. Mit Freundin. Die war auch Patientin in der Anstalt. Sowas ist praktisch, erspart man sich doch so viele ermüdende beziehungsgefährdende Erklärungen darüber, was wirklich so läuft in dem Laden.

So eine Freundin hat auch Verständnis für kleine Hobbys. Im Fall des Auto-Freaks war das natürlich ein kleiner BMW. Und mit diesem schicken Teil und Freundin fuhr er eben nicht jedes Wochenende nach Hause, sondern düste ohne Führerschein durch ganz Deutschland. Zwischen Bayern und Sylt war er in diesem halben Jahr überall.

Aber wie so oft, sind es die Frauen, an denen man scheitert. Denn als Anstaltsinsassin hatte natürlich auch die Freundin ihren Webfehler. Bei ihr war es die Eifersucht, sie hatte eine Nebenbuhlerin im wahrsten Sinne des Wortes ausgestochen oder es zumindest versucht.

Der Auto-Freak wiederum war zusätzlich noch ein Frauen-Freak, was der Beziehung eine gewisse Spannung verlieh. Für schicke Ausfahrten nach Sylt hielt diese Freundin lange still, aber als er sich zusätzlich zu ihr noch eine Krankenschwester anlachte, was das Maß voll.

Da hat sie Sylt sausen lassen und alles den Therapeuten hintertragen. Mein Gott, waren die betroffen.

Das gute Verhältnis zu Nena und der Sozialtante: völlig aus. Besonders letztere war richtig peinlich berührt, den Herrn mal an ihren Citroen gelassen zu haben.

Der Auto-Freak hat dann aber doch nicht mehr lange gesessen. Es stand nämlich ein unabhängiges Gutachten an. Und dieser Gutachter meinte, unser Auto-Freak sei gar nicht krank, sondern nur normal kriminell. Und so haben sich die Tore für ihn wider Erwarten ganz schnell für immer geöffnet

Für mich öffneten sich die Tore nicht. In Nenas Akten wurde ich immer kränker, Therapie hatte ich seit dem Weggang des netten Doktors nicht mehr. Schließlich sei ich so krank, da sei vielleicht gar nichts zu machen. Wenn überhaupt, nur durch einen extrem fortgebildeten Nervenfachmann. Dieser fand sich dann auch nach ca. zweijähriger Unterbringung in Person von Dr. Darth Vader. Facharzt für Psychiatrie und Neurologie war der schon, jetzt veredelte er sich noch in einer Ausbildung zum Facharzt für Psychotherapie. Bei soviel Kompetenz kann ja eigentlich gar nichts schiefgehen mit der Therapie. Wenn nur die bösen Patienten nicht wären. Die eben einfach widerständig sind. Gegen die ganze tolle Therapie. Die Therapie würde so gut funktionieren, wenn nur die Patienten nicht so verstockt wären.

Natürlich war Patient Kurbjuhn auch wieder verstockt. Denn Vader fuhr das komplette Nena-Programm.

Die Gefühle her. Vor allem alle angstvollen. Sofort und ohne Widerrede.

Und den Namen Darth Vader, entlehnt aus dem Star-Wars-Zyklus, trägt der Herr nicht ohne Grund. Sein anstaltsinterner Spitzname war ein anderer, zielte aber in dieselbe Richtung. Denn der Mann verströmte eine Aura des Unheimlichen. Er hätte sich sicher gut in jeder Art Psychiatrie gemacht.

Eben nicht nur in der heutigen, die ihre Repressionsfunktion durch viel Gutmenschgetue tarnt.

Vader hielt gern ellenlange Reden, die aber niemand verstand, bestanden sie doch aus einer ausschließlichen Abfolge abstrakter Begriffe. "Ich untersuche Strukturen in familiären Systemen" war eine Vader-typische Formulierung. Dabei rollten seine Augen und sezierten jeden Anwesenden mit prüfendem Blick. Entdeckte er etwas interessantes, schlug sein abstraktes Geschwafel um in aggressive, bohrend und verhörmäßig vorgebrachte Fragen. Als Abschluß einer solchen Verhörssitzung lehnte er sich dann im Stuhl zurück und befand: "Sie sind im Widerstand. Sie haben viel Zeit. Gaaaanz viel Zeit".

Bei solchen Diagnosen verfärbte sich sein Stimmklang in heiser-gefährlicher Art, was seine unheimliche Ausstrahlung noch unterstrich.

Nena war inzwischen weg, man will sich ja schließlich karrieretechnisch weiterentwickeln.

Aber mein Krankheitszustand hielt an, schließlich

führte jetzt Vader meine Akten zusammen mit der neuen Stationsleiterin.

Diese anhaltend negative Aktenlage gefiel mir überhaupt nicht. So rein prinzipiell bin ich ja gar kein Fan des liberalen Strafvollzugs. Ich glaube nach wie vor, daß eine Gesellschaft sich nicht von Asozialen auf der Nase herumtanzen lassen darf. Also meine Tendenz ist eher: Video weg, Ausgang weg, Urlaub weg, Bewährung weg. Die Ausgestaltung des Vollzugs sollte meines Erachtens eher karg und reizarm sein. Aber wenn ich nun selbst einsitze, sehe ich das rein subjektiv eher anders.

Zumal dann, wenn ich da mit Leuten auf Station bin, die solch prinzipielle Erwägungen erst gar nicht anstellen. Richtig verdorben haben die mich. Der Auto-Freak. In gewissem Sinne auch der Video-Fan und noch andere. Deren Einstellung war: "Du willst Ausgang? Dann mußt Du den Ärschen erzählen, was die hören wollen".

So pragmatisch sehen das Leute, die nicht so überstudiert waren wie ich damals. Heute bin ich selber verdorben, wenn ich mir auch eine scheinbar bürgerliche Fassade erhalten habe.

Nach anderthalb Jahren Nena- und einem guten halben Jahr Vader-Nerve hatte ich auch kein Problem mehr damit, nach dem Vorbild meiner Mitpatienten das Lügen anzufangen.

Ein guter Zeitpunkt, so fand ich, wäre doch der anstehende neuerliche Stationsleiterwechsel.

Nenas Nachfolgerin hatte es bei uns nur ein Jahr ausgehalten. Als deren Nachfolgerin angekündigt wurde eine Psychologin, die schon viele Jahre Erfahrung in dieser Anstalt hatte.

Einer meiner Mitpatienten war schon vorher mal auf einer von ihr geführten Station gewesen. Ein psychologisches Profil der Dame war somit schnell erstellt. Sie sei ziemlich eitel, halte sich für was ganz besonderes und, ganz wichtig, stehe therapeutisch ungeheuer auf Gemeinschaftsaktivitäten.

Außerdem wohnte sie in einem Dorf in der Nähe der Anstalt, und einige Pfleger wußten interessantes über ihre lautstark durchgeführten Sexualpraktiken zu berichten. Die Berichte lagen zwar schon einige Jahre zurück und die Dame war zu dem damaligen Zeitpunkt mit über 40 sicher nicht mehr ganz so aktiv und taufrisch. Trotzdem spendiere ich ihr mal den Spitznamen Sex-Granate.

Die Granate erschien und wir hatten sofort eine Stationsversammlung. Sowas gabs bei Nena auch regelmäßig. Da ging es um so wichtige Dinge wie verstopfte Klos, wer wem nächstens den Schädel einschlagen werde und ähnlich erbauliche Dinge mehr. Unter Patienten hatte sich für diese Art Besprechung der Begriff Schizophrenen-Konferenz eingebürgert, was den Inhalt bestens charakterisiert.

Routiniert spulte die Sex-Granate ihr Eröfnnungsprogramm herunter: Jeden von uns wolle sie erstmal persönlich kennenlernen, völlig vorurteilsfrei würde sie an jeden von uns herangehen, die Akten werde sie überhaupt nicht lesen. Undsoweiter und soweiter. Eben das übliche verlogene Psychologengelaber. Selbst der Dümmste kann sich ausrechnen, was die

54

Sex- Granate als allererstes machen wird: die Akten lesen natürlich. Woher soll sie denn sonst wissen, wen sie da vor sich hat.

Igendwo in den Therapieausbildungen muß es eine Unterrichtseinheit geben, die besagt:

du sollst die Patienten belügen, um Vertrauen aufzubauen. Das funktioniert natürlich nicht. Entspricht aber wieder dem schon beschriebenen Trick 1 der Therapeuten, der da besagt: Du sollst möglichst einfache Therapiekonstruktionen erstellen, damit Du selbst an die Therapie glauben kannst.

Schöner Nebeneffekt: die Widerständigen unter den Patienten enttarnen sich gleich durch Widerspruch. Und waren bei der Sex-Granate an der richtigen Adresse. Das sei ja interessant, wieviel Vorurteile es hier auf Station gebe. Genau daran müßten wir gemeinschaftlich therapeutisch arbeiten.

Dann folgte der Auftritt des Punkers. Sein inhaltlicher Beitrag bestand aus intensiven Kopfschlagdrohungen gegen alle, die die Sex-Granate hier nochmal dumm anmachen würden. Denen würde er die Schädel schon spalten. So eine scharmant-ritterliche Verteidigung ging der Sex-Granate natürlich runter wie Öl. Ich glaube damals wie heute: alle Frauen, die langzeitig in so einer Forensik arbeiten, stehen sexuell auf gewalttätige Männer. "Aber Herr Punker" spielte die Granate die Empörte. Aber der Punker als alter Stratege wußte natürlich, wie die Granate im Zentrum gepolt war und was sie wirklich hören wollte. "Ja wat denn, verschiedene Kinderfickers hier brauchen richtig vor die Fresse, das könnse mir glauben." Die Granate glaubte es nur zu gerne und damit war der Punker wieder der erste Kandidat für neuen Ausgang.

Der zweite Kandidat war ich. Als Frauenverführer habe ich noch nie getaugt, die Rolle mußte ich unserem Punker überlassen. Aber laut psychologischem Profil meines Kumpels gab es ja noch die therapeutischen Gemeinschaftsaktivitäten. Also habe ich darauf verzichtet, ihr schwachsinniges Gelaber als solches zu bezeichnen und stattdessen den Vorschlag gemacht, mit der ganzen Station doch mal gemeinschaftlich was zu unternehmen. Zwecks besserem Kennenlernen fände ich sowas therapeutisch wichtig. Wir könnten doch zum Beispiel draußen Holunderbeeren sammeln und dann auf Station gemeinsam Marmelade kochen. Das sei doch toll sowohl für diejenigen, die Ausgang hätten als auch für die ohne Ausgang. Die einen könnten sammeln und die anderen kochen und wir hätten so ein schönes Gemeinschaftserlebnis.

Na das fand sie aber süß. Das sei ja ein wunderbarer konstruktiver Vorschlag. Gaanz toll. Und so gemeinschaftlich.

Ich persönlich kannte bis dahin gar keine Holunderbeeren. Ich habe auch gar keinen Spaß dran, in irgendwelchen dornigen Büschen herumzukriechen, Beeren ins Körbchen zu legen und dann den Marmeladenkoch zu spielen.

Aber die Sex-Granate mußte den Vorschlag gut finden. Schließlich hatte eine andere Station vor Jahren unter ihrer Leitung diese Nummer schonmal durchgezogen, wie ich von meinem Kumpel wußte.

An diesem Nachmittag schritt die Sex-Granate richtig beschwingt von Station, hormontechnisch durch den Punker beflügelt und therapieperspektivisch durch mich.

Wenn einem so viel schönes wird beschert, ist das schon einen Ausgang wert.

Der kam auch nach einigen Wochen, denn parallel zur Nummer mit der Granate hatte ich mich bei Vader komplett gewandelt. Einige Wochen vorher, als schon klar war, daß die Granate als neue Stationsleiterin kommen würde, eröffnete ich Vader, daß ich jetzt doch mal mich einlassen wolle auf meinen inneren Schmerz.

Nun ist ein Vader nicht so einfach zu beeindrucken wie die Sex-Granate. Schließlich ist er nicht hormon-, sondern theoriegesteuert.

Und so ging Vader sofort aggressiv in die Vollen. Wo denn meine Tränen seien? Jetzt wollen wir mal Tränen sehen.

Ein guter Schauspieler könnte vermutlich sogar das erfüllen. Ich bin aber gar kein Schauspieler. Ich würde wahrscheinlich durch jedes Casting für die letzte Vorabendsoap fallen, in der sie sonst jeden nehmen, der die Blickvarianten "betroffen" und "begeistert" ansatzweise unterscheidbar darstellen kann.

Andererseits: wenn man seine Beschränkungen akzeptiert, kommt man durchaus auch mit wenig Schauspieltalent klar.

Ich habe mich also mit herunterhängendem Oberkörper und gesengtem Kopf vor ihn gesetzt und gesagt: "Ich bin traurig. Ich kann nicht weinen."

"Wo sitzt denn ihre Trauer, wo sitzt denn ihr Schmerz?" wollte er wissen. Dabei rannte er um mich rum und piekte mir mit dem Finger in die Rippen.

Im ganzen Körper, besonders im Bauch, versicherte ich ihm eiligst.

Jetzt lief Vader zu großer Form auf. Ob ich fühle, wie der Schmerz im Raum stehe? Dieser Schmerz, der sei jetzt gegenwärtig und stehe im Raum, ja richtig im Raum. Dabei näherte sich Vaders Gesicht bis auf wenige Zentimeter dem meinen. Da ich meinen Kopf gesengt hielt, kroch er sozusagen von unten in mich hinein. Seine Stimme hatte jetzt den gefährlich-heiseren Klang.

Dann sprang er wieder auf und schrie: "Jetzt hecheln. Schnell und flach atmen. Hecheln, hecheln. Und der Schmerz, wo ist der Schmerz?"

Natürlich im Raum, versicherte ich Vader, wenn mir zwischen seinen anbefohlenen Atemattacken Zeit dazu blieb. Vader hatte nämlich auch eine Ausbildung in der Urschrei-Therapie.

Am Ende der Sitzung befand er, jetzt sei ein Anfang gemacht, auf dem man aufbauen könne.

Auch über Ausgänge könne man jetzt nachdenken.

Einige Wochen später, nach der positiven Einstimmung der Sex-Granate durch meine so gemeinschaftsbezogenenVorschlägeinderSchizophrenen-Konferenz, war der Ausgang perfekt.

Jedenfalls die erste Stufe, also der pflegerbegleitete Ausgang. Dieser reichte ja aus, um nun mit dem Teil der Station, der ebenfalls Ausgang hatte, in der Umgebung der Anstalt Holunderbeeren zu sammeln.

Natürlich in Begleitung einer netten Pflegekraft. Und mit tatkräftiger Hilfe des Punkers, der durch körperbetontes Sammeln einen gewissen Flurschaden unter den Holunderbeerbüschen hinterließ.

Jedenfalls war die Sex-Granate glücklich, als sie später auf Station mit ihren so gemeinschaftstauglichen Patienten die aus den Beeren gekochte Marmelade auslöffeln konnte.

Ich war auch glücklich, denn die ganze Nummer war ja ein hervorragender Einstieg in meine zielgerichtete Entlassungsarbeit.

Aus Sicht der Öffentlichkeit zeigt sich hieran natürlich, wie blödsinnig die ganzen Prognosen bezüglich Rückfallgefährdung sind. Noch wenige Wochen vor Beginn meiner Schauspielereien zeigt meine Akte das Profil eines hochgradig gefährlichen und uneinsichtigen Menschen. Paranoid gefärbte Erlebnisverarbeitung, starke Rationalisierungstendenzen einer unbewältigten emotionalen Problematik und die Gefahr aggressiver Spontanhandlungen machten einen Ausgang völlig undenkbar. Ich habe die Akten nur in kleinen Ausschnitten gelesen und beziehe mich in meiner Erinnerung darauf, was mir Vader von seiner Einschätzung mitteilte.

Nun, wenige Wochen später, ist schon eine gute Gemeinschaftsintegration sowie die Bereitschaft, sich auf die eigenen Gefühle einzulassen, vorhanden.

Ein so schneller Wandel eines Menschen ist doch

wohl unwahrscheinlich. Aber nicht für einen Psychologen, der sich der hier geltenden Ideologie verschrieben hat. Und diese geht halt davon aus, daß keine aggressiven Spontanhandlungen zu befürchten sind, wenn der Patient sich willig durch ein Tal ängstigender Gefühle führen läßt.

Angesagt ist also bei so schweren Fällen wie mir die Mitspiel-Methode zum Austricksen der Therapeuten. Die Vader-Sitzung, die ich oben geschildert habe, war dabei nur der Anfang vieler ähnlicher Therapiestunden. Da mußten Tötungsdelikte in allen Details szenisch nachgestellt werden.

Ein Teppichklopfer diente zum Ausleben von Wutgefühlen. Jeden Tag sollte ich meine Träume aufschreiben, diese Niederschriften wurden dann in intensiven Analysen von Vader und mir besprochen.

Dieses Mitspielen ist nicht so einfach, wie es hier vielleicht erscheint. Man muß vor allem den Überblick behalten, was man zu welchem Thema alles schon gesagt hat. An Vader sind hier viele gescheitert. Ich nicht, denn damals habe ich über jede Therapiesitzung ein Protokoll für den Eigengebrauch angefertigt und gleich noch für jeden Therapeuten eine Art eigene Akte mit Beobachtungen über deren Vorlieben und Abneigungen angelegt. Also auch über die Sex-Granate und sonstige Sozialarbeiter, die da noch so rumliefen. Diese eigenen Akten haben die natürlich nie zu sehen gekriegt, das hätte auch das gute Verhältnis erheblich gestört.

So eine Übersicht ist sehr wichtig, will man die Fallen vermeiden, die einem Typen wie Vader entweder gezielt stellen oder die sich aus der Methode 1, also der üblichen plumpen Therapieverschreibung, ergeben. Zum Beispiel die Träume. Ich habe höchst selten welche.

Das ist nun ganz schlecht. Das ist nämlich laut Darth Vader Widerstand, unbewußter Widerstand gegen die Therapie. Sollten wir den Ausgang wieder streichen müssen? Aber nein, wozu lernt man in der Schule, Phantasiegeschichten zu schreiben. Also brachte ich in jede Therapiestunde einen Haufen erfundener, eben nie geträumter Träume mit. Irgendwelchen Schwachsinn. Ich rudere zum Beispiel auf dem Meer, dann tut sich ein Tunnel auf, und in dem laufen Katzen, ganz viele Katzen. Ich laufe mit, bis ich aufwache. Solch unlogische Geschichten sind gut, schließlich glaubt Vader dann, daß es ein Traum ist. Hätte ich nur vom Meer geschwafelt, wäre ihm das verdächtig vorgekommen.

Diese Träume wurden dann von Vader interpretiert. Das Meer zum Beispiel wurde zum von mir aufgebauten Wall vor abgespalteten aggressiven Gefühlen. Darin müßten wir eintauchen und diese Gefühle untersuchen. Natürlich war ich auch genau dieser Meinung. Jetzt kamen therapeutisch die Katzen ins Spiel. "Werden Sie zur Katze und laufen Sie durchs Meer" befahl Vader. Ich lief, aber natürlich nicht durchs Meer, sondern durchs Therapiezimmer. Mit verzögerten Bewegungen, als wenn ich den Widerstand des Wassers überwinden müsse. Danach stand an, in dieser szenischen Darstellung die Position des Wassers einzunehmen und mein imaginäres Selbst zu umarmen. Denn das Wasser, das sei hier der Widerstand und dieser sei ich eigentlich selbst, befand Vader.

Bei meinem bescheidenen Schauspieltalent kann das nicht sehr überzeugend ausgesehen haben. Aber Vader war zufrieden. Vermutlich deshalb, weil außer mir nur noch ein Frauenmörder ähnlich gut therapeutisch mitzog wie ich. Der hatte eine Frau umgebracht, war danach mit einer tollen Gesundschrift entlassen worden und hatte, völlig verwunderlich, wieder versucht, ne Frau umzubringen. War natürlich auch ein Fall für die Vader-Therapie. Der Frauenmörder scheint auch ähnlich intensiv wie ich die Mitspiel-Methode angewandt zu haben, denn auch ihm lachte viel Ausgang. Mir auch, denn innerhalb eines Jahres wurde ich von absolut Obergefährlichen zum absolut Durchtherapierten mit täglich unbegrenztem Freigang. Das schien sogar dem Frauenmörder unheimlich, denn der meinte mal zu mir, daß man ja viel lügen müsse, aber doch vielleicht nicht so extrem wie ich. In meiner Antwort habe ich natürlich so getan, als wisse ich überhaupt nicht, wovon er rede. Der Umgang mit einigen Mitpatienten gestaltete sich in dieser Zeit sowieso zunehmend unerfreulich. Das verwundert nicht, denn schließlich haben diese anders als die Therapeuten keine therapieideologische Brille auf. Die wissen genau, daß man nur entlassen werden kann, wenn man mitspielt und lügt. Und sind natürlich sauer, wenn sie merken, daß sie die dafür nötige Flexibilität nicht entwickeln können.

Und ich betone das nochmal: mit der Wahrheit kommt da keiner raus. Auch ein gesunder Unschuldiger, mit einem Fehlurteil eingewiesen, würde für immer drinbleiben. Denn wie schon ausgeführt: wegen ihrer Motivationsfunktion für die Gesellschaft muß die Psychiatrie viele als untherapierbar ausgrenzen und einige als leuchtende Beispiele des therapeutischen Wandels herausstellen. Sozusagen als Musterpatienten, was im übrigen mein damaliger Spitzname war.

Damit nun nicht alle zum Musterpatienten mutieren, so wie bei meinem ersten Doktor, muß eine hohe Hürde errichtet werden: man gestaltet eben die therapeutischen Anforderungen so, daß sie mit normalen Reaktionen gar nicht erfüllbar sind. Je extremer man das macht, desto weniger werden halt entlassen. Das Abspulen von Gefühlen auf Knopfdruck des Therapeuten

ist völlig unrealistisch, deshalb schaffen das auch nur diejenigen, die das ganze als einziges großes Schauspiel betrachten. Nur mit dieser Einstellung kann man alles mögliche vorschauspielern, die innere Aufmerksamkeit dabei aber in Wirklichkeit auf die Reaktion des Therapeuten richten und sich an seinen Wünschen orientieren.

Nehmen wir an, Darth Vader zieht gerade sein Programm "Trauern über Straftatsopfer" durch. Wer sich hier wirklich emotional drauf einläßt, der ist doch fertig. Zumindest für Stunden, wenn nicht für das ganze Leben. Denn ein Vader zieht dabei das ganze Register.

Er "therapiert" , indem er eine Stunde lang abwechselnd schreit und heiser flüstert: "Weinen Sie. Spüren Sie, wie die Schuld ihres Lebens vor ihnen steht" usw.

Wenn man aber seinen Ausgang behalten will, sollte man am Ende der Stunde keinesfalls fertig sein.

Inmitten der Stunde sollte man völlig fertig sein, aber doch nicht am Ende. Denn dann schriebe Vader in die Akten: Der Patient ist noch emotional instabil, da er eine Regressionsphase nicht stabil abschließen kann. Also schließt man doch besser stabil ab, indem man sagt: "Das war ne harte Sitzung, aber jetzt fühle ich mich richtig erleichtert, ja innerlich befreit. "Das ist zwar völlig unrealistisch, wenn man sich wirklich auf Gefühle wie Trauer und Schuld eingelassen hätte. Aber für den Beibehalt des Ausgangs ist das geradezu zwingend angesagt.

Und die Therapie geht ja weiter. Denn 10 Minuten nach der Vader-Trauer-Stunde kommt schon die Gesprächsgruppe bei der Sex-Granate. Und da herrscht ein ganz anderer Ton. Schließlich treffen sich hier die üblichen Verdächtigen, also zum Beispiel auch der schon bekannte Punker. Wer jetzt noch ein Gran Betroffenheit aus der Vader-Stunde mitschleppt, hat auch wieder schlechte Karten. Da schriebe die Sex-Granate in die Akte: Herr Kurbjuhn zeigt ein zunehmendes Desinteresse an Gemeinschaftsdiskussionen . Es muß geprüft werden, ob die dahinterstehende Problematik zu einer Zurückstufung im Ausgang führen sollte.

Un das wollen wir ja nun keinesfalls. Und deshalb werden aus der Psychiatrie nur die größten Lügner und Schauspieler entlassen. Man wird also letztlich dafür belohnt und damit auch trainiert, eine psychopathisch-zynische Einstellung zu entwickeln beziehungsweise zu verfestigen.

Damit erfüllt die Psychiatrie alle ihre Aufgaben: die Gesellschaft hat ein reliegionsartiges Motivationskonzept durch beispielhafte Belohnungen und Bestrafungen, viele Gefährliche bleiben wirklich drin, weil nur wenige bereit sind, sich innerlich so psychopathisch zu entwickeln, daß sie jahrelanges konsequentes Lügen durchhalten.

So aber erklärt sich auch, daß es immer wieder Rückfälle gibt und geben muß. Denn wenn alle Entlassungen auf Lügen beruhen, kann man nur beten, daß die so Entlassenen auch bezüglich ihrer Straftaten hinreichend flexibel sind, hier neue legale Verhaltensweisen für ihre Auslösersituationen zu finden.

Wer in der Therapie wirklich Hilfe bei Lebensproblemen erwartet, hat schon verloren. In der gerade erwähnten Gesprächsgruppe der Sex-Granate gab es zum Beispiel einen Kindermörder. Der hatte erhebliche Probleme. Die rührten gar nicht mal in erster Linie aus seinem Delikt. Es ist ein Märchen, daß im Knast jeder Kinderficker regelmäßig verprügelt wird. Wenn der Typ über einen gesunden Muskelaufbau verfügt und auch sonst knasttypisches Verhalten zeigt, wird er kaum Schwierigkeiten bekommen. Der Kindermörder verfügte aber über einen eher ungesunden Muskelaufbau und zeigte im übrigen ein eher zurückgezogenes Verhalten. Und sowas ist ganz schlecht, das verlangt nach einiger Therapie durch die Mitpatienten. Zum Beispiel durch Drohungen, angedeutete oder auch mal durchgezogene Schläge, halt die ganze übliche Palette. Wer dieses Buch bis hierher aufmerksam gelesen hat, kann sich sicher vorstellen, daß unser Punker sich zu einem wesentlichen Therapeuten des Kindermörders entwickelte. Ich selbst habe nun einen ähnlich schwächlichen Körperbau wie der Kindermörder und einigermaßen eigenbrötlerisch bin ich auch veranlagt. Besonders nach meiner Wandlung zum Musterpatienten schlug mir von Seiten einiger nicht so mit Ausgang gesegneter Mitpatienten eine erheblich negative Stimmung entgegen. Im Gegensatz zum Kindermörder weckt sowas aber die in mir liegende Aggressionsbereitschaft. Nun kann ich zwar keinen umhauen, aber ich habe mir angewöhnt, die entsprechenden Kandidaten sozusagen umzudiskutieren. Das hat mich zwar stark genervt, die ganzen Rumdroher und Rumschreier aber auch.

Der Kindermörder stand aber nur still in der Ecke. Und noch schlimmer: in der Therapiegruppe leugnete er, daß er das Kind umgebracht hatte. Das bekam ihm schlecht, denn jetzt hatte die Sex-Granate den Stationssündenbock gefunden und gab ihn sozusagen zum Abschuß frei. In der Therapiegruppe ging es eigentlich nur um zwei Themen: den Punker und sein Frauenbild und das Leugnen des Kindermörders.

Die Gruppe bestand meist aus 5 bis 6 Leuten, von denen die meisten die Rolle als Statist wählten. Das hielt sie zwar aus den gröbsten Schwierigkeiten heraus, verschaffte ihnen aber auch keine Punkte in Richtung Ausgang. Selber schuld, die Jungs.

Meist zu Beginn jeder Stunde therapierte also die Sex-Granate mit meiner rethorischen Hilfe den Punker,

was mir gute Punkte bei der Sex-Granate und der Granate selbst ein wohliges Körpergefühl verschaffte. Denn in Wirklichkeit genoß die Granate den Punker so rüpelhaft aggressiv, wie er war. Seine im übrigen auch nie eingetretene Wandlung zum Softie hätte sie wohl am meisten enttäuscht.

Dann gingen wir alle zusammen, also Punker, Granate und ich auf den Kindermörder los, auf daß er sein Delikt gestehe. Der Kindermörder aber wollte nicht gestehen, saß zitternd auf seinem Stuhl und faselte, daß er bedroht werde. Das stimmte und war unübersehbar, weil der Diskussionbeitrag des Punkers aus deutlichen Drohungen und angedeuteten Schlägen bestand. Da reichte es der Sex-Granate und sie sagte dem Kindermörder energisch, er solle mal sein Rumgewinsel lassen, solle ein klares Bekenntnis zu seiner Straftat ablegen und müsse im übrigen lernen, sich mit seinen Mitpatienten auseinanderzusetzen.

Genau seine Meinung, befand der Punker und kündigte zum Ende der Stunde an, die Therapie des Kindermörders in eigener Regie auf sozusagen privater Basís nach Ende der Gruppentherapiestunde auf der

Station fortzusetzen.

Nun bin ich ja das, was die Amerikaner einen Psychopathen nennen. Die deutsche Gutmenschfraktion nennt dasselbe "persönlichkeitsgestört". Klingt netter, meint aber dasselbe: ohne Mitgefühl. Außerdem hatte mir Nena, meine erste Wundertherapeutin, hinreichend vermittelt, solche Dinge nicht beurteilen zu können: "Herr Kurbjuhn , Sie können hier gar nichts beurteilen" habe ich so oft gehört, daß ich mit meiner Wertung vorsichtig sein will. Aber dennoch: damals wie heute meine ich, daß diese ganzen 68-er Gutmenschen die miesesten denkbaren Heuchler sind. Ich bin ja selbst kein Freund dieser Kinderficker. Der beschriebene Kindermörder war aber erkennbar überfordert von der Therapie. Hier erwies sich das ganze Gutmensch-Gesülze der Sex-Granate als Heuchelei. Ihre vermutlich uneingestandenen Bestrafungswünsche hat sie zwecks Tarnung nicht selbst ausgelebt, sondern eben in geschickter Form an den Punker delegiert. Und der hat die Bestrafung in ebenso geschickter Form durchgezogen. Hat ihn nämlich nicht direkt verprügelt, sondern so eingeschüchtert, daß der Kindermörder die nächste Zeit wenig zu essen kriegte. Denn zwecks Essens hätte der aus seinem Verwahrzimmer gemußt. Über den Flur. Und dort stand der Punker.

Mir sind Gefängniswärter lieber, die ihre Aggressionen direkt ausleben. Nur ist mit denen die ganze Show nicht zu haben, die wir als Gesellschaft ja auch haben wollen. Wir brauchen halt die Trennung in einige Gute, die man entlassen kann und viele, die als gefährlich drinbleiben müssen. Nur das verschafft uns den inneren Glauben, in einer erklärbaren, überschaubaren Welt zu leben, wenn wir uns nur richtig, also angepaßt genug, verhalten. Früher erreichte die Gesellschaft diesen Zustand durch das Kunstgebilde der Religion, heute hat die psychologische Wissenschaft diese Funktion übernommen.

Die Trennung zwischen Ungefährlichen und Gefährlichen ist aber nicht wirklich möglich, man kann keinem in den Kopf gucken. Also errichtet man künstliche Hürden mit den beiden dafür geeigneten Methoden. Das sind die in den Beispielen sichtbar gewordenen, nämlich die verkürzte und verfälschte Problembeschreibung und die überfordernde Therapie. Insofern gesehen war die Therapie des Kindermörders durch die Granate auch wieder ganz richtig und sicher im Sinne der Gesellschaft, sonst würde schließlich jeder rauskommen. Außerdem, und das ist das wichtigste, bekommt die Gesellschaft die Illusion, alles habe seine überschaubare Ordnung.

Der Haken bei diesem sonst ganz gut funktionierenden Illusionssystem sind nur die Rückfälle. Die kleineren Körperverletzungen des Punkers fallen hier nicht besonders auf, das kann man noch übersehen.

Mitte der 90er Jahre jedoch ermordete einer der Zöglinge der Sex-Granate auf einem Ausgang ein Kind aus der Nachbarschaft der Anstalt. Das war nach meiner Unterbringungszeit und die genauen Umstände kenne ich nicht. Ich bin aber sicher, daß der Typ seinen Ausgang mit den beschriebenen Lügenmethoden, also dieser Mischung aus charmanter Verkäufer-und trickreicher Mitspieltechnik erreicht hat. Zumal er dazu noch aussehensmäßig dem von der Sex-Granate gern gesehenen Macho-Typus entsprach.

Dies Beispiel zeigt auch, daß das gern angeführte Argument, nur mit einer Therapie sei die Gesellschaft vor Rückfalltätern sicher, nicht stimmt. Denn Teil dieser Therapien ist immer die Erprobung der Patienten auf Ausgängen. Die Hürden für eine Entlassung werden immer höher gehängt. Reichte es zu meiner Zeit bei den "leichteren"Fällen wie Punker und Auto-Freak, den charmanten Verkäufer-Charme spielen zu lassen, werden heute auch diese Leute Therapien des Vader-Niveaus unterzogen. Hier ist intensives Mitspielen angesagt. Wer sich nicht mit den theoretischen Hintergründen all dieser Therapien beschäftigt, wird überfordert sein und nicht die richtigen Lügengeschichten erzählen können.

Das führt dazu, daß immer weniger Leute entlassen werden. Denn Vaders Vorgaben waren ungeheuer hoch. Während meiner Zeit sind von ihm nur noch zwei andere außer mir entlassen worden, alle anderen haben es nicht geschafft, so zu lügen, daß Vader sie nicht durchschaut hätte. Aber Ausgang haben natürlich einige gehabt. Und gesteigerter Frust und Perspektivlosigkeit führen dann leicht zu neuen Straftaten. Eben dann nicht nach der Entlassung, sondern auf Ausgang oder auf der Flucht, die ja schon bei einem pflegerbegleiteten Ausgang leicht möglich ist.

Der angesprochene Kindermord war nicht die einzige Mordstraftat, die von Patienten der Anstalt begangen wurde. Große öffentliche Aufmerksamkeit erlangte Ende der 80er Jahre der Versuch eines schon vierfachen Frauenmörders, auf einer Zugfahrt zu Muttern nach Frankfurt eine fünfte Frau umzubringen. Nur mit intensivem Einsatz der Anstaltsleitung ließ sich seinerzeit die Öffentlichkeit beruhigen. Die Anstaltsleiterin war eine Frau mit deutlich extrovertiertem Auftreten. Was ihre Eingebildetheit betrifft, übertraf sie noch locker die Sex-Granate. Von sich selbst zum Beispiel sprach die Frau Anstaltsleiterin nur im plural: "Das finden wir aber gar nicht gut" oder "Da sind wir ja begeistert". Solche Aussprüche wurden stets im Tonfall der zustimmenden Begeisterung oder der entrüsteten Ablehnung vorgetragen. Nur bei öffentlichen Auftritten zum Beispiel bei Fernsehinterviews nahm sich die hysterische Chefin deutlich zusammen und verbreitete dann einen durchaus seriösen Eindruck.

Sich selbst sah sie als Reformerin der forensischen Psychiatrie und war erkennbar der Meinung, daß die von ihr geführte Anstalt die fortschrittlichste Deutschlands sei. Vermutlich denkt so ähnlich jeder Irrenhausleiter in Deutschland, die hysterische Chefin dachte es aber besonders intensiv.

Ich dachte mir, daß die ganze Aufregung um den vierfachen Frauenmörder doch eine gute Gelegenheit sei, eine nette Verbindung zur Anstaltsleiterin zu errichten. Denn wenn man nicht gerade irgendein Promipatient ist, wird man sie normalerweise nie zu

Gesicht bekommen.

Das ist schlecht. Denn schließlich entscheidet sie über den Inhalt der Stellungnahme, die dem Gericht als Grundlage für eine Entlaßentscheidung dient. Und sie muß ja nicht unbedingt mit Darth Vaders immer netter werdenden Berichten über mich übereinstimmen. Schließlich war sie berüchtigt für stimmungsgefärbte Entscheidungen.

Die hysterische Chefin hatte einen Schäferhund, den sie immer in einer nahe der Anstalt liegenden Allee ausführte, während sie Fahrrad fuhr.

Auf diese Allee hatte ich den Schwerpunkt meiner Ausgänge gelegt und richtig radelte sie mir eines Tage entgegen.

Normalerweise hasse ich den Umgang mit solcherart hysterischen Frauen, ich muß mich aber wohl ganz gut zusammengerissen haben, denn sie war ganz begeistert." Wir finden es richtig schön, daß wir sie mal persönlich sehen" und ähnliches mehr bekam ich zu hören. Hocherfreut reagierte sie auf mein Angebot, bei Bürgerversammlungen mit vielleicht noch anderen Patienten aufzutreten, damit die skeptische Bevölkerung sehe, daß es auch noch anständige Patienten gebe, die die Therapie wirklich ernsthaft mitmachten.

Auf so einer Versammlung war ich dann auch wirklich mit einigen anderen Musterpatienten geladen.

Mit Äußerungen habe ich mich da stark zurückgehalten, zumal die hysterische Chefin selbst gar nicht zugegen war. Dafür redete viel und gern ein Herr von der übergeordneten Landesbehörde.

Keinesfalls, so versicherte er den zweifelnden Bürgern, sei es in der Therapie damit getan, den Therapeuten oder den Pfleger immer schön zu grüßen. Ein Patient müsse in der Therapie schon sehr viel tun, um Ausgänge zu bekommen oder gar entlassen zu werden. Da konnten ich und die anderen Patienten ihm natürlich nur zustimmen.

Wer sich so in der Therapie und sogar auch für die Anstalt engagiert wie ich, der ist reif für die Entlassung. Nach einem Jahr auf der Station der Sex-Granate und einem weiteren Jahr in einem offenen Haus wurde ich dann auch entlassen.

Die zuständigen Richter guckten beim Anhörungstermin ein wenig ungläubig und berieten sich auch ziemlich lange. Vermutlich schien ihnen der schnelle Wandel von einem der gefährlichsten Patienten der Anstalt zur völligen Harmlosigkeit selbst etwas unwahrscheinlich. Richter fällen, wenn Gutachten vorliegen, jedoch nie eine eigenständige Entscheidung. Und so haben sie mir einen Haufen Auflagen in die Führungsaufsicht geschrieben und mich entlassen.

Rückblick und Ausblick

Die zukünftige Entwicklung der Forensik ist sicher nicht für längere Zeit vorauszusagen. Man kann ja höchstens die in den letzten Jahren augenscheinlichen Veränderungen weiterdenken. Das funktioniert aber auch nur für die nähere Zukunft, da nach gewisser Zeit auch wieder gegenläufige Tendenzen, die jetzt noch unbekannt sind, zu erwarten sind.

Eine zentrale Frage ist zum Beispiel, ob es langfristig überhaupt eine forensische Psychiatrie geben wird oder ob die Behandlung auffälliger Straftäter in späteren Zeiten in einem einheitlichen Vollzugssystem vorgenommen wird. Ich könnte mir das für den Fall vorstellen, daß die ganze Psychiatrie in ihrer Religionsersatzfunktion gesellschaftlich durch was anderes ersetzt wird.

Zum Beispiel durch den Glauben an die biologische Programmierbarkeit des Menschen.

Dann wird sich die Menschheit schnell der psychiatrischen Dogmen und Illusionen entledigen und sich neue Illusionen besorgen. Bezüglich der Möglichkeiten der Straftäterbehandlung wird man dann aber vielleicht realistischer werden und eher auf Strafe pur statt Resozialisierungsträumereien setzen.

Aber eben nur vielleicht.

Zusätzlich zum Gesamtsystem könnten sich auch die Methoden ändern.In der Psychotherapie hat es zwar in den letzten Jahrzehnten nichts wirkliches Neues gegeben. Es könnte ja aber was Neues kommen, insbesondere vielleicht technische Verfahren, mit denen man auf die Denkinhalte eines Menschen zugreifen, sie objektiv nachweisen und unter Umständen auch verändern könnte.

Davon gibt es aber bis jetzt nichts.

Also wird sich in den nächsten Jahren die schon seit den 90er Jahren sichtbare Tendenz zum strengeren Umgang mit Forensikinsassen erst einmal fortsetzen.

Im vorigen Kapitel hatte ich schon erwähnt, daß in den diesbezüglich sehr liberalen 80er Jahren bei leichteren Fällen auch ohne tiefgreifende Psychokur Ausgang gewährt wurde, wenn der Patient verkäuferisch geschickt zu gefallen wußte. Das ist heute nicht mehr so, wodurch sich der Anteil der wirklich fest sitzenden Patienten stark erhöht hat. Deshalb platzen die Anstalten auch aus allen Nähten und die Politker versuchen verzweifelt, der widerspenstigen Bevölkerung immer neue Anstalten vor die Tür zu setzen.

Die psychotherapeutische Behandlung der Patienten dürfte in allen bundesdeutschen Anstalten ähnlich sein. Vom Stil der Anstaltsleitung dürfte jedoch abhängen, ob jemand mit den beschriebenen Verkäufertricks leicht Ausgang kriegt oder ob er einen Therapeuten wie Vader vorgesetzt bekommt, dem aus Patientensicht nur mit der großen Schauspielnummer beizukommen ist.

Auch in den 80er Jahren waren sicher nicht alle Anstalten so chaotisch-liberal organisiert wie die, in der ich untergebracht war. Wenn ich heute Berichte über Anstalten in den neuen Bundesländern lese, scheint mir dort manchmal ein ähnlicher Unterschied zwischen Träumerei und Wirklichkeit zu liegen wie in "meiner" Anstalt. Das erklärt sich vielleicht dadurch, daß es in Ostdeutschland einen wendebedingten Einschnitt in die vorher sicherlich eher restriktiv geführten Anstalten gab.

In meiner Anstalt gab es keinen wendebedingten Einschnitt. Der Einschnitt kam dadurch , daß der Geist von 1968 mit ca. 15-jähriger Verspätung ganz massiv in die Anstalt einzog. Einzog in Person eines Herrn Professors, der sich bis zu seinem Tod in den 90er Jahren als der bundesdeutsche Oberguru für Forensikfragen aufspielte.

Von Anbeginn des Maßregelvollzugs Anfang des 20.Jahrhunderts bis zum Ende 70er Jahre wurde die Anstalt, in der ich untergebracht war, in der Praxis von den Krankenpflegern beherrscht und regiert.

Natürlich gab es Ärzte, ganz wenige Psychologen, die aber erst seit Mitte der 70er Jahre.

Wenn ich beherrscht und regiert sage, meine ich das auch so: das Motto war: wenn einer muckt: zuerst `n paar ins Maul, und dann die Spritze. Oder umgekehrt, wenns so leichter war.

Beliebt war hier die sogenannte "große Misch", Inhalt: 50ml Neurocil, 50 ml Melleril und 50ml Haldol. Diese Mittel werden auch heute noch zur Behandlung insbesondere schizophrener Psychosen eingesetzt und dienen dazu, die bei diesen Krankheiten auftretenden Wahnvorstellungen zu unterdrücken. Da Sie, lieber Leser, vermutlich noch nie in der Psychiatrie waren und es die Gesellschaft durch eben diese Mittel geschafft hat, daß man in der Öffentlichkeit fast nie mehr einen Psychotiker in Aktion sieht, können Sie Sich nicht vorstellen, zu welchen Kraftakten diese Jungs fähig sind. Da gibts welche , die trotz 300 ml Haldol und noch stärkerer Mittel noch zig Stunden versuchen, die Wand ihrer Zelle zu durchbrechen, bevor das Mittel dann wirkt.

Die große Misch wurde nun aber regelmäßzig bestimmungsfremd aber höchst wirkungsvoll gegen renitente Nicht-Psychotiker, also zum Beispiel gegen Typen wie den vorher mal beschriebenen Punker eingesetzt.

Und wenn ein solcher die in der Misch enthaltene Menge kriegt, gibts den ersten Wirkungseintritt nach wenigen Minuten, bevor dann nach 20 bis 30 Minuten das Haldol seine gnadenlosen Effekte entfacht. Für zwei Tage ist der Typ dann so platt, daß der nur liegen kann und auch auf wüsteste Beschimpfungen nicht reagieren würde.

Wenn der besonders unbeliebt bei den Pflegern war, drehten die ihm auch mal die Heizung auf. Kann leicht über 30° werden unter dem Deckenstrahler in einer wenige Quadratmeter engen Box...

Diese "Behandlung" war so wirkungsvoll, daß man den üblichen Randalekandidaten danach nur mal die Spritze zeigen mußte. Dann war Ruhe.

Ich finde immer noch, daß im Großen und Ganzen diese Methode eine hervorragende ist, um Disziplinprobleme in so einer Anstalt zu bewältigen. Ich gebe aber zu: das ist mehr eine subjektive, spontane Hingabe an meine entsprechenden totalitären Neigungen, reflektiert sehe ich das zumindest etwas anders.

Damit der Leser nun nicht alle Pfleger für pervers hält(es reicht, daß die Therapeuten das tun):

Wenn Sie jeden Tag vielfach beschimpft werden als Drecksack, Nazi, der vergast gehört, schwule oder perverse Sau, bedroht werden mit Abstechen von hinten, mit Abstechen der Ehefrau auf dem nächsten Asugang usw: erscheinen die harten Methoden der Pfleger da nicht etwas verständlicher?

So war dann nämlich das alltägliche Klima seit Beginn der 80er Jahre.

Außerdem waren in den 60er in 70er Jahren verglichen mit heute viel mehr Patienten auf weniger Raum untergebracht. Wo wir heute eine Wohngruppe mit 12 Patienten vorfinden, lagen zu meiner Zeit 20-25 und in den 60er Jahren über 60. Da gab es einen Schlafraum, in dem stand Bett an Bett. Und einen Aufenthaltsraum, in dem die Patienten z.B. aßen oder die wenigen Stunden Freizeit mit leisem Kartenspiel verbrachten. Und in der Raummitte stand ein kräftiger Pfleger. Und wenn sich zwei stritten, gabs ne Verwarnung und danach gings auf die Box. Heißt heute viel eleganter "Kriseninterventionsraum", gemeint ist mit beiden Begriffen die Zelle, die im Volksmund als Gummizelle bekannt ist.

Einige der damals in dieser Form tätigen Pfleger habe ich ja noch kennengelernt. Die meisten sind heute schon tot, ich halte ihr Vorgehen insbesondere unter den damaligen Bedingungen für zumindest verständlich. In vielen Gesprächen habe ich die Stimmung und die Vorgänge in den damaligen Zeiten erzählt bekommen. Interessanterweise waren die handfesten Pfleger alter Zeit bei dem Gros der Patienten weit beliebter als diese neumodischen "Du ich bin Dein Freund, laß uns reden" -Typen unter den Pflegern, deren "große Zeit" damals Mitte der 80er Jahre anbrach.

Anfang der 80er kam wie gesagt der Forensik-Oberguru mit seinem großen Gutachten über die Anstalt. Dieser Professor hat das öffentliche Bewußtsein über forensische Psychiatrie in Deutschland bis in die 90er Jahre hinein wesentliche bestimmt.

Begriffe wie "der soziale Unfall" für Täter und Rückfalltäter sind von ihm in den 80erJahren meinungsbestimmend propagiert worden.

Obwohl vom Lebensalter eher nicht dieser Generation zugehörig, hat er die 68er Blauäugigkeit mit einer Riesenspritze in die deutsche Forensik gefüllt. Besonders die Anstalt, in der ich untergebracht war, hat er im Auftrag der Landesregierung so umgekrempelt, daß der schon mehrfach geschilderte Umgangston seit Mitte der 80er Jahre dort die Regel war.

Keine große Misch mehr. Psychopharmaka nur noch mit strenger ärztlicher Indikation.

Also nur noch für Psychotiker, nicht mehr für persönlichkeitsgestörte Randalebrüder.

Sicher kann man diesen Anweisungen zustimmen, wenn -wie geschehen- gleichzeitig die Belegungszahlen auf einer Station verkleinert wurden und damit der Aggressiondruck der Untergebrachten gemindert wurde.

Völlig unsinnig ist es aber, wenn alle Pfleger nur noch freundlich sein sollen, besonders freundlich sogar zu Leuten, die Randale suchen. Sogar mir als Nicht-Psychologen ist klar, daß das lerntheoretisch völlig falsch sein muß. Denn durch Belohnung verstärke ich ein Verhalten. Wie wahr diese Lerntheorie ist, konnte ich in den Jahren 1985-1990 erleben anhand von Straftaten wie versuchtem Mord an einem Pfleger und diversen Vergewaltigungen von Krankenschwestern und "Erzieherinnen". Richtig: ab ich glaube 1987 gab es neben ausgebildeten Krankenschwestern auch gelernte Kindergärtnerinnen in dieser Anstalt. Denen muß die Regierung nämlich weniger Geld zahlen als den Pflegern. Daß die keine Ahnung haben, was den Umgang mit Schwerstkrimminellen angeht, spielt in einer vom Glauben an das gute beseelten Zeit keine Rolle.

Ich glaube nach wie vor: Frauen als Wachpersonal sind auf jeden Fall problematisch, wenn sie in direktem Kontakt zu den untergebrachten Männern stehen.

Als ich in die 1985 in die Anstalt kam, gab es im forensischen Bereich einige wenige Schwestern.

Die waren deshalb kein Problem, weil sie schon Jahre Vorerfahrung mit der normalen Psychiatrie hatten und gewisse Regeln strikt beherzigt haben. Die Hauptregel ist ganz einfach und heißt: keine Miniröcke und keine womöglich noch bauchfreien Oberteile. Sollte leicht einzusehen sein. Zusätzlich sollte man Körperberührungen mit den Patienten doch besser vermeiden.

Dann kamen die Kindergärtnerinnen und auch einige Schwestern, alle Anfang 20 mit entsprechender Berufserfahrung. Die haben natürlich auch eine Einführung in den Job gekriegt, und einige haben auch schnell begriffen, was Sache war. Einige wenige aber nicht, und die haben ihren Leichtsinn teuer bezahlt.

Nehmen wir Erzieherin Agathe(hieß natürlich anders), ein zartes, hübsches blondes Mädel.

Voller Tatendrang kümmerte sie sich um die Patienten, wusch Ihnen die Haare und sowas. Ging natürlich ohne Begleitung eines männlichen Pflegers in den Schlaftrakt der Jungs. Und die waren so richtig schön geil. Geil sein an sich ist ja nichts schlechtes. Bei bei den Sexualstraftätern ist das so:

Die sind geil und dann kriegen sie Ängste. Und um die zu bewältigen, kreieren sie aggressive Phantasien. Und die leben sie dann aus. Hierin irren übrigens diese Profiler vom FBI, die ja meinen, Sexualstraftaten seien gar nicht sexuell motiviert, sondern nur motiviert

durch den Wunsch nach Unterdrückung und Manipulation eines anderen Menschen. Nehme ich Menschen, die Sexualität automatisch mit extremer Angst verknüpfen, den Sex, dann haben sie eben keine Angst und auch die weitergehende Verknüpfung mit Gewaltphantasien entfällt, denn diese sind ja an die Ängste gebunden. Deshalb gibt es ja die chemische Katration mit dem Mittel Androcur. Das wirkt auch zuerst einmal. Der Sexualdrang wird vermindert und in der Folge auch die Ängste und Gewaltphantasien des Patienten. Das Mittel hat nur den Schönheitsfehler, daß es nach einiger Zeit seine Wirkung verliert. Mitpatienten haben mir das bestätigt. Ihren Therapeuten haben sie das natürlich nicht gesagt, denn nur mit Androcur gibts Ausgang. Und zwar selbstverständlich nur dann, wenn der Patient in den höchsten Tönen von der Wirkung schwärmt.

Zurück zur kontaktfreudigen Agathe. Es gab dann einen Patienten, der ihr geholfen hat, die Wäsche zum Trocknen in den mit einer Feuerschutztür bewehrten Keller zu schleppen. Agathe wusch nämlich auch Wäsche für die Patienten. Und dieser Mensch war so ungeheuer hilfsbereit. Im Keller hat er ihr dann ein Messer an den Hals gehalten und sie vergewaltigt. Oder es zumindest versucht, wie die offizielle Version der Anstaltsleitung lautete. Laut inoffiziellen Erzählungen anderer Pfleger wars aber durchaus eine vollendete Vergewaltigung.

Ist für mich auch glaubwürdig, denn ein 1,90 Meter großer und 100kg schwerer, schon in Sexualstraftaten geübter Mann läßt sich von einer nur halb so schweren Frau bestimmt nicht mehr bremsen, wenn er schon kurz vor der Tat steht.

So eine verschleiernde und schönfärberische Darstellung würde genau zur Forensikpolitik der 80er Jahre passen, schließlich sollte durch verharmlosende Beschreibungen die Akzeptanz der Bevölkerung für Kriminelle erhöht werden, um eben dem Ziel der

linken Gesellschaftsutopisten, eine kommunismusartige Welt der Liebe ohne Konflikte zu schaffen, näherzukommen. Dieser geistige Hintergrund darf zumindest dem professoralen Oberguru und seinen Gefolgsleuten unterstellt werden. Wer schwerste Mordstraftaten als "soziale Unfälle" verharmlost, hat vermutlich solche Motive.

Dann war da noch Schwester Beate. Eine Freundin von Erzieherin Agathe. Beate wusch zwar keine Haare, sorgte aber auch so für genügend Körperkontakt zu den Patienten. Zum Beispiel zu mir. Ich war damals nämlich einige Monate der sogenannte Küchenarbeiter der Zugangsstation. Eben da, wo alle Neuzugänge der Anstalt hinkommen und die deshalb die mit den höchsten Sicherheitsvorkehrungen ausgestattet ist. Und genau da arbeitete Schwester Beate. Ich bin ja nun Frauen gegenüber immer ziemlich schüchtern. Ich bin auch überhaupt nicht der Frauentyp, auf den Frauen normalerweise anspringen. Störte aber unsere Beate überhaupt nicht: beim Einsortieren des Essens erwischte mich öfter mal eine intensive Ganzkörperberührung, wodurch ihre ausgeprägt weiblichen Formen gut fühlbar wurden. Ihre Formen waren übrigens auch gut sichtbar: sommers trug sie gern durchsichtiges Zeug, die Farbe ihrer Slips war immer gut zu erkennen.

Ich selbst reagiere auf sowas mit einer Mischung aus etwas Geilheit und Gehemmtheit. Glücklicherweise-sowohl für mich als auch für die Schwester-neige ich nicht dazu, sexuelle Gefühle mit regelrechten Todesängsten zu verbinden, demzufolge habe ich auch keine Gewaltphantasien. Gerade von diesen Jungs gabs aber genügend auf dieser Sicherheitsstation. Und die muß Beate irre gemacht haben. Zig mal hatte der Oberpfleger gepredigt: "Zieh dich vernünftig an" -aber nein, "ich bin 22 und brauche das für meine Persönlichkeit", so sprach Schwester Beate.

Der Herr, der ihre Freundin im Keller vergewaltigt hatte, war inzwischen auch auf dieser Station angekommen- schließlich war es die Sicherheitsstation. Sicher hat er dort erfreut festgestellt, daß es weiterhin Frauen für ihn gab. Insbesondere Beate mit ihrem durchsichtigen Sommerklamotten hatte es ihm wohl angetan, denn die hat er dann in Gegenwart anderer mitten im Aufenthaltsraum angesprungen. Es ging zwar ohne Vergewaltigung ab, da andere dabei waren. Die Story ist aber die beste Illustration für illusionäre Vorstellungen zum Umgang mit den Patienten. Wobei die Verantwortung weniger bei der jungen Schwester als bei den Verantwortlichen für das Gesamtkonzept zu suchen ist.

Um ganz in die Atmosphäre der damaligen Zeit einzutauchen, betrachten wir noch einige weitere Fälle.

Schwester Cecilie zum Beispiel gehörte zu den erfahrenen Kräften, die schon seit den frühen 80erJahren im Maßregelvolzug tätig waren. Keine Miniröcke, keine durchsichtigen Klamotten, auch die nötige Distanz zum Patienten hat sie immer gewahrt. Nutzt aber nix, wenn man von Kollegen umgeben ist, die naiv sind. Naiv deshalb, weil die alle zu den "fortgebildeten" Pflegekräften gehörten, denen der Oberguru in Seminaren die Liebe zu den Patienten einimpfte. Gleichzeitig äußerte er sich abfällig über den Teil der Pflegekräfte, die seinen Visionen skeptisch gegenüberstanden. Das waren aber die, die schon seit 20 Jahren dabei waren und wußten, daß es nur mit Verständnis und Liebe nicht gehen kann.

In der Nacht, die Schwester Cecilie zum Verhängnis wurde, hatten nur fortgebildete Kräfte Dienst.

Die waren so naiv, daß sie das Zählen vergaßen. Wenn ich nämlich 16 Jungs auf einer Wachstation habe, und die sollen um 22Uhr im Schlaftrakt eingeschlossen werden, sollte ich auch zählen, daß alle 16 eingeschlossen werden. Wenn nur 15 im geschlossenen Trakt sind, wird dann der 16te entweder abgehauen sein, oder schlimmer , sich im übrigen Stationsbereich versteckt haben.

Das ist deshalb schlimm, weil er dort an die Schwester rankommt, die dort mehrere Stunden allein übernachtet. Normalerweise sind da zwar 4 Pfleger im Einsatz, die müssen aber auch auf anderen Stationen Kontrollgänge machen. Und in dieser Zeit war Schwester Cecilie sozusagen allein zu Haus.

Allein mit Patient Nr. 16, der sich versteckt hielt und sie dann beim Vergewaltigungsversuch mit einem Draht ziemlich verletzt hat. Wahrscheinlich hätte sie nicht überlebt, wenn ihre Kollegen nicht zufällig zurückgekehrt wären.

Den Pflegern der alten Schule wäre sowas nie passiert. Die haben sicher ihren Dienst nicht immer korrekt versehen, selbst zu meiner Zeit haben einige noch ihr Bier während der nächtlichen Dienste getrunken. Aber vorher haben sie gezählt. Denn Dank ihrer Erfahrung glaubten sie nicht unbedingt ans Gute im Menschen. Schwester Cecilie glaubt nach dieser Erfahrung vermutlich auch nicht mehr dran.

Damit ist dieser Fall bezeichnend dafür, was passiert, wenn man im Zug von sicher nötigen Neuerungen alle gemachten Erfahrungen ungeprüft verwirft. Dann wird man einige Erfahrungen erneut machen, und zwar auf die harte Tour.

Auf die harte Tour lernen durfte auch ein Pfleger, nennen wir ihn mal Torsten. Er war nämlich auch ein zu lieber Mensch.

So lieb, daß 3 Jungs einer Zimmergemeinschaft sich ihn zum Sterben ausgewählt hatten, denn er schien ihnen der leichteste Weg zum Schlüssel.

Die Vorgeschichte dieses Falles enthüllt, daß der Torsten mit seiner lieben Art nicht der Hauptschuldige war, sondern die eigentliche Ursache im Gutmenschdenken des Obergurus und seiner Therapeuten lag, die seine Linie 100% glaubenstreu umsetzten.

Die drei waren nämlich schwul und bildeten unter sich eine verschworene Gemeinschaft. Wäre nach alter Lehre schon Grund genug gewesen, diese Gemeinschaft auseinanderzulegen. Wer natürlich nur in verquasten Kategorien wie "Beziehungsfähigkeit" denkt, ist jedoch als Therapeut ganz glücklich, wenn die Patienten persönliche Bindungen eingehen. Dann ist einer von ihnen abgehauen, sogar ganz witzig, indem er sich unter eine Besuchergruppe gemischt hat und mit ihr rausgegangen ist.

Was auch schon wieder Rückschlüsse aufs Sicherheitskonzept zulässt. Als Folge dieser Aktion wurde dieses dahingehend verschärft, daß die Hausaußentür nicht mehr mit den normalen Stationsschlüsseln geöffnet werden konnte, sondern nur durch einen nicht jedem Pfleger sofort zugänglichen Spezialschlüssel. Außerdem-eigentlich schon fast ein Wunder in der damaligen Zeit- beschloß das Therapeutenteam die Verlegung des wieder gefaßten Flüchtlings aus dieser Zimmergemeinschaft.

Damit war die Zimmergemeinschaft aber gar nicht einverstanden und widersetzte sich diesem Beschluß durch Verbarrikadieren im Zimmer. Das wäre in alter Zeit, also vor den 80er Jahren, kein Problem gewesen. Stabile Bastkörbe schützen vor Stockschlägen und Messerstichen beim Eindringen ins Zimmer, und der Rest lief nach der bewährten Abspritzmethode.

Aber in der zweiten Hälte der 80er war keine Rede mehr von sowas. Völlig faschistoid, solche Vorstellungen vom konsequenten Durchgreifen, meinte das humanistische Therapeutenteam.

Das Haus, in dem das Ganze stattfand, hatte drei Stationen auf drei Etagen. In der mittleren lag das verbarrikadierte Zimmer, ich lag in der Station direkt darüber und konnte deshalb über mehrere Stunden mitverfolgen, wie sich die unten vor dem Haus stehenden Therapeuten durch Flehen und Bitten, man möge doch gewaltfrei aufgeben, abmühten. Die drei Jungs waren gute Verhandler, die Therapeuten schlechte- also erreichten sie die Zusage, daß sie zusammen bleiben durften.

Das war der fast tödliche Fehler für Pfleger Torsten, denn nur so auf dem Zimmer war es den dreien langweilig und es lockte die Freiheit jenseits der Gitter.

Einige Wochen nach der Verbarrikadieraktion lockten sie ihn mit der Bitte, für sie einen Brief aufzuschreiben, aufs Zimmer. Dort war der nicht sehr kräftige Torsten ein leichtes Opfer für die Jungs. Besonders einer tat sich hervor, er versuchte, den Pfleger mit einer Drahtschlinge zu erwürgen.

Der Kampf ging über einige Minuten, im Zimmer darüber, wo ich lag, war das auch gut zu hören.

Ich hab mir aber nichts dabei gedacht, denn Schläge und auch Hilfeschreie waren von den drei öfter mal zu hören, ihre Liebesspiele verliefen vermutlich recht ruppig. Gerettet wurde der Pfleger von einem zufällig ins Zimmer schauenden kräftigen Patienten, sonst wäre der Pfleger jetzt tot.

Die ganze Nummer hat dann vor Gericht auch einige Jahre Haft gegeben für die Beteiligten. Die eigentliche Ursache, nämlich der geradezu sträfliche Leichtsinn der seinerzeitigen Therapieideologie ist hierbei aber meines Wissens nicht thematisiert worden.

Die ganze Atmosphäre in der geschilderten Anstalt war sicherlich auch nicht ganz typisch für andere Anstalten in der damaligen Bundesrepublik. Sicher kam hier zusammen, daß es, auch bedingt durch die Größe der Anstalt einerseits sowie der bis Ende der

70er eher gleichgültigen Öffentlichkeit, zu gelegentlicher Überhärte gegen die Patienten gekommen war. Wie schon beschrieben, kippte dies ins Gegenteil nach dem Gutachten des professoralen Forensik-Obergurus.

Rückblickend erinnert mich die damalige Zeit schon an die Auflösung der DDR.

Nachdem ihnen ein im Westen abgehalfterter Chef vorgesetzt wurde, haben dort in vielen Betrieben die Leute erst recht Dienst nach Vorschrift gemacht oder sogar die Abläufe heimlich sabotiert. Schließlich läßt sich niemand gern was sagen von Leuten, die selbst keine richtige Ahnung haben.

So ähnlich waren auch die Verhältnisse in der Anstalt. Ein Teil der Pfleger hat dann, sicher auch als Ausgleich für den durch die illusionstrunkenen Therapeuten verursachten Frust, gezielt Maßnahmen dieser Therapeuten unterlaufen. Wer halt nicht lautstark auffiel, bei dem wurde Alkoholkonsum im Zimmer schon mal übersehen. Das ging sogar soweit, daß mit Duldung gewisser Pfleger manche Weinbrandpulle einzelner beliebter Patienten im Pflegerzimmer mal für kurze Zeit zwischengelagert wurde, natürlich unter anderen Stationseinkäufen getarnt. Diese Einkäufe lagen dann direkt hinter dem Stuhl, auf dem z.B. Nena oder die Sex-Granate den Pflegern jeden Mittag Vorträge über ihre tollen Therapiestrategien hielten.

Was die interne Disziplin dieser Anstalt betrifft, sehen die heutigen Verhältnisse schon wieder etwas vernünftiger aus. Der Grund liegt in den Morden, die von Patienten aus der Anstalt heraus begangen wurden. Den Kindermord Mitte der 90er Jahre hatten wir schon kurz erwähnt, ebenfalls den versuchten Mord eines vierfachen Frauenmörders an einer Frau im Intercity nach Frankfurt . Das war Ende der 80er Jahre während einer genehmigten Beurlaubung zu seiner Mutter.

Dieser Mann ist sicher auch heute noch einer der gefährlichsten Männer Deutschlands.

Zumal er es versteht, gerade Frauen mittleren Alters mit seinem Charme für sich einzunehmen.

Bei der Frau im Zug hatte er diesen Charme einige Zeit sprühen lassen, und die hat das wohl auch solange angenehm gefunden, bis er ihr sein Messer reingestochen hatte.

Bei seiner Therapeutin hatte er vorher diesen Charme über Jahre wirken lassen, meines Erachtens hatte er sie hiermit vollkommen eingewickelt. Und zwar natürlich mit den schon im vorigen Kapitel beschriebenen Techniken, dem Therapeuten nach dem Munde zu reden. Ich war nur mal wenige Stunden mit ihm in einer Therapiegruppe. Mit seinem dosiert eingesetzten Lob - ich erinnere den Spruch "Die Therapie geht ja wirklich geil ab hier"- sowie einer bemühten Mitarbeit hat er den Therapeuten, der gerade frisch von der Uni eingeflogen war, richtig glücklich gemacht.

Das war ganz in meiner Anfangszeit in dieser Klinik, da war ich ja noch ehrlich- später habe ich bekanntlich dieselben Nummern abgezogen.

Rückgreifend aufs letzte Kapitel sei nochmal dran

erinnert, daß die Therapie die Patienten in "ungefähr-liche" und "untherapierbare" trennt, indem sie ihnen eigentlich unerfüllbare Aufgaben stellt, die nur ein Lügner -scheinbar- bewältigen kann. Gleichzeitig lustig und traurig zu sein, völlig "offen" über die eigene Gefühlswelt vor fremden Leuten zu reden usw. : das ist ja eigentlich unnormal, gilt aber für die Therapeuten als Ausweis für Gesundung.

Je schwieriger die Anforderungen an die Verlogenheit, desto weniger Patienten werden entlassen- ein effektives Mittel, je nach politischem Bedarf höhere oder geringere Anteile an Patienten zu entlassen.

Wirklichen Meistern der "Flirtstrategie" gelingt es, diese "therapeutischen Kriterien" dadurch auszuhebeln, daß der Therapeut sie außer acht läßt, weil er selbst schon zu sehr in der Beziehung gefangen ist und alles tun will, damit er diese Beziehung nicht gefährdet.

Wie schon ausgeführt: entlassen wird man nur mit dieser "Verkäufer-Methode" nicht, wenn man nicht auch inhaltlich mitspielt. Aber darin war der vierfache Frauenmörder zumindest gut genug, um zu einigem Ausgang zu kommen.

Seine Hauptfähigkeit lag aber sicher darin, die Verkäufer-Methode geschickt als Flirtstrategie auf entsprechend ansprechbare Therapeutinnen zuzuschneidern. Die Sex-Granate haben wir ja schon kennengelernt. Viele Therapeutinnen in der Forensik sind meinem Eindruck nach auf subtile Weise in ihrem Denken und Fühlen den Frauen ähnlich, die unbedingt einen lebenslänglich Inhaftierten heiraten müssen oder sogar in die USA fahren, um dortige Todeskandidaten zu ehelichen. Angst vor Konflikten mit einem normalen Partner bewältigen solche Damen, indem sie sich Gefangene suchen, denen sie einerseits nah sein können, die aber dennoch kontrolliert sind durch die Gefangenschaft.

Derart gestörte Damen gibt es natürlich kaum unter den Therapeutinnen, wohl aber genug, die sich nach einem anderen Typ Mann sehnen als es ihre gutbürgerlichen Prägungen vorsehen: im Knacki finden sie eben nicht den eher soften Therapeutenkollegen, sondern sehen in ihm ein archaisches Tier.

Und solch eins wollen einige dieser Therapeutinnen gerne zähmen, dazu gibt ihnen ihr Job auch die besten Chancen, ohne daß sie aus ihrer Bürgerlichkeit wirklich ausbrechen müßten.

Und solch eine Dame unter den Therapeutinnen hatte sich unser Frauenmörder geangelt, und diese hat dann die anderen Mitglieder des Stationsteams überzeugt, daß er Ausgang brauche. Das war aber schon Jahre vor dem versuchten Mord im Zug.

Außerdem hat er es geschickt verstanden, durch Diziplinverstöße hinsichtlich Alkohol und damit verbundenen Fluchten den Eindruck einer Alkoholproblematik zu erwecken, die er in Wirklichkeit aber gar nicht hatte. Bei den Therapeuten erweckte das aber den Eindruck, daß nicht perverse Phantasien, sondern Alkohol sein Problem sei. Ideologisch, wie die Therapeuten nun mal sind, hatten diese Fluchten letztlich nach jeweils kurzen Ausgangssperren mehr Ausgang und Freiheiten zur Folge. Kurz vor seiner

Tat war er dann sogar in einer Alkoholikergruppe der Volkshochschule aktiv.

Nach der Tat haben die sich dann gewundert, wer da mitmischte. Denn daß das ein mehrfacher Frauenmörder war, hatten die Therapeuten natürlich wohlweislich verschwiegen.

Dieser Fall ist charakteristisch für die Zukunft der Forensik. Denn schon die Methoden der Gegenwart verhindern die Entlassung gefährlicher Leute fast völlig. Denn konsequentes Lügen beherrschen nur sehr wenige.

Zudem haben sich einige Anstalten in den letzten Jahren gegen die Austrickse per Verkäufer-und Flirtstrategie ganz gut gewappnet. Die Einzelheiten sind anstaltsbezogen sicher unterschiedlich. Generell geht der Trend aber zu Kontrollsystemen, die einen Entscheid über Ausgang nicht einem

einzelnen Therapeuten oder einem Therapeutenteam einer Station überlassen, sondern zusätzlich anstaltsintern eine Kontrollgruppe einschalten, die rein nach Aktenlage prüft, ob ein Ausgang verantwortbar erscheint. Da im Idealfall der Patient und seine Therapeutin keinen direkten Kontakt zu dieser Kontrollgruppe haben, entfallen die menschlichen Beeinflussungen unter Therapeutenkollegen. Denn natürlich will man seiner Therapeutenkollegin nicht direkt widersprechen, wenn sie jemanden zum Ausgang vorschlägt. Das würde doch das gute Betriebsklima schädigen.

So aber müssen die Akten schon substantielle Therapieberichte wie bei Darth Vader enthalten, vor allem , wenn es um längere Ausgänge oder gar die Entlassung geht. Und solche positiven Therapieberichte erzielt man als Patient nur, wenn man wie beschrieben sehr konsequent und langzeitig lügenhaft mitspielt. Das schaffen nur wenige. Aber einige mehr schaffen es, sich mit den beschriebenen Methoden wenigstens zu einem ersten Ausgang zu tricksen, und sei es in Begleitung von Pflegern. Diese sind aber von kräftigen Leuten leicht auszuschalten. Wir werden in Zukunft also nicht so sehr Rückfalltaten Entlassener sehen, sondern erleben, wie vermeintlich sicher Verwahrte

während des Ausgangs fliehen und ihre Tötungsphantasien in einer nur wenige Tage dauernden Flucht umsetzen. Einige dieser Fälle hat es ja schon in den letzten Jahren gegeben, dieser Trend könnte sich fortsetzen.

Besondere Öffentlichwirksamkeit erlangte weiterhin der Kindermord Mitte der 90er Jahre. Wie schon kurz erwähnt, ermordete ein wegen Sexualdelikten untergebrachter Patient ein Kind aus dem Dorf, in dem die Anstalt liegt.

Anfang der 90er Jahre gab es dasselbe Delikt schonmal, damals wurde ein Kind aus dem Nachbardorf von einem wegen Brandstiftung untergebrachten Patienten umgebracht. Interessanterweise ließ sich, ähnlich wie beim Frauenmörder, die Öffentlichkeit noch beruhigen.

Mitte der 90er Jahre gab es einschneidende Änderungen im Ausgangskonzept, bedingt durch die wütenden Reaktionen der Öffentlichkeit.

Die wesentliche Änderung: Von Pflegern unbegleitete Ausgänge im Umfeld der Anstalt gibt es nicht mehr. Wenn jetzt jemand durch eifrige therapeutische Mitarbeit den Status eines Einzelausgängers erreicht, wird er zum Ausgang in seine sogenannte Heimatregion verfrachtet. Das heißt in der Regel dahin, wo er vor der Straftat gemeldet war. Das können Orte und Städte einige zig Kilometer von der Anstalt entfernt sein.

Ziel dieser Maßnahme ist natürlich eine Beruhigung der dörflichen Bevölkerung gewesen.

Meines Erachtens wirkt sie aber auch rückfallverhindernd. Denn einmal finden diese Einzelausgänge im Gegensatz zu früher nicht täglich statt, sondern nur einige Male im Monat.

Damit sind rein zeitlich die Chancen für Rückfälle aus der Anstalt heraus geringer. Hinzu kommt ein psychologisches Phänomen. Viele mit abgründigen Phantasien ausgestatteten Sexualstraftäter entwickeln diese Phantasien gerade dann, wenn sie sich wohl fühlen. Das ist meine Erfahrung mit denen. Befinden sie sich in äußeren Unsicherheitssituationen, denken sie vermutlich weniger an Sex und entwickeln deshalb weniger Gewaltphantasien als Reaktion auf ihre inneren Ängste.

Läuft aber alles zu ihrer Zufriedenheit, denken sie wie jeder Normalo vermehrt an Sex. Nur die weitere Reaktion dieser Leute, eben die Gewaltphantasien, sind halt unnormal.

Wenn ich jeden Tag draußen frei rumlaufen darf, entwickele ich schnell ein Sicherheitsgefühl.

Werde ich aber wie ein Gefangener irgendwo hingekarrt, fühle ich mich viel unfreier.

Diese Beobachtung gilt sicher nicht für jeden. Es gibt sicher Leute, die ihre Phantasien auch stabil in Phasen der Unsicherheit aufbauen und gezielt eine Flucht zur Verwirklichung dieser Phantasien planen und umsetzen. Wie schon gesagt: hier sehe ich eine der Hauptgefahren in der näheren Zukunft.

Ich könnte mir aber schon vorstellen, daß mit diesem System des außschließlich heimatnahen Ausgangs einige Rückfalltaten verhindert werden.

Denn beim ersten Kindermord Anfang der 90er Jahre war es zum Beispiel so, daß der Patient schon jahrelang Ausgang hatte und sich im Umfeld der Anstalt hervorragend auskannte. Ins Ausgangsbuch trug er immer den Spruch "rund um die Anstalt" ein. Natürlich hat er nicht eingeschrieben, daß er sich "rund um die Anstalt" regelrecht auf die Lauer nach kleinen Mädchen gelegt haben muß.

Und genau so ein Verhalten entwickelt jemand eher, der sich in einem Gebiet regelrecht heimisch fühlt.

Wie schon eingangs dieses Buchs gesagt: mehr Sicherheit ist vor dem Hintergrund der geltenden Verfassungsinterpretation kaum zu erwarten. Danach muß jeder die Chance auf Ausgang bekommen, festgestellt in einem auf ihn individuell abgestimmten Prognoseverfahren. Das heißt: die Anwendung rein statistischer Prognoseinstrumente wie in angelsächsischen Ländern üblich, ist bei uns gar nicht erlaubt. Diese Verfahren bieten einfach dadurch mehr Sicherheit, daß die den gesunden Menschenverstand zur Wissenschaft erheben. Wer halt wegen Sexualdelikten vorbestraft ist, kommt nie mehr raus. Das ist eine sicherer Prognose, auch wenn sie in Einzelfällen mal zu Lasten des Patienten danebenliegen mag. Geht aber in Deutschland nicht: die Verfassung spricht dagegen.

Genauso spricht die Verfassung sicher gegen meine juristische Überlegung, daß Therapeuten von Rückfalltätern eigentlich wegen voller Mittäterschaft statt wegen fahrlässiger Tötung zu verurteilen sind.

In solchen sowieso sehr seltenen Fällen wird ja immer davon ausgegangen, daß die Therapeuten den Rückfall nicht wollten. Wollen sie natürlich auch nicht. Aber bei jemandem, der weiß, daß 20% aller Entlassenen rückfällig werden, darf man schon eine Gleichgültigkeit gegenüber dem Rückfall voraussetzen, wenn er sich für Entlassungen ausspricht.

Und genau diese Gleichgültigkeit ist Merkmal des bedingten Vorsatzes. Und damit wäre eine volle täterschaftliche Beteiligung des Therapeuten juristisch kontruierbar, denn den zu entlassenen Patienten müßte man dann als ein Mordwerkzeug sehen. Genauso, als wenn jemand eine laufende Kettensäge in eine Menschenmenge wirft und dann sagt: "Ich war mir aber sicher, daß keiner sterben würde".

Eine solche juristische Bewertung würde natürlich das ganze System sprengen. Der erste Therapeut, der so zu einer lebenslangen Freiheitsstrafe verurteilt würde, wäre auch der letzte. Denn natürlich würde sich keiner mehr finden, der überhaupt ein Gutachten erstellen wollte.

Deshalb ist eine solche Entwicklung auch nur dann denkbar, wenn die Psychiatrie selbst als religionsartiges Dogma ins Wanken gerät und gesellschaftlich ins Aus befördert werden sollte.

Das steht aber im Moment nicht an.

Deshalb bleibt für den Leser in der Praxis nur die Hoffnung, daß an ihm der Kelch des Rückfallmörders vorübergeht.

Wenn man in einem kleinen Dorf wohnt, dessen Zentrum aus einer forensischen Anstalt besteht, sollte man vielleicht über einen Umzug nachdenken.